인문학이 살아있는 도시여행 큐레이션

# 도시의 맛

**일러두기**

1. 맞춤법은 국립국어원 표기를, 외국 인명 · 지명 · 독음 등은 외래어표기법을 따르되 관용적인 표기와 동떨어진 경우 실용적인 표기를 따랐다.
2. 원어의 경우 국립국어원 외국어 표기법에 등록되지 않은 단어만 병기하되 예외를 두었다.
3. 장편 문학작품을 포함한 단행본 및 잡지 제목은 『』로 시, 소설 및 작품 제목은 「」, 곡명 및 영화, 미술품명은 <>로 묶었다.

# 도시의 맛

# The Flavor of the City

인문학이 살아있는
도시여행 큐레이션

정희섭
지음

amStory

## 차례

## 7 낭만의 즐거움
Joy of Romance



## 8 다양성의 힘
Power of Diversity



## 9 도시의 분위기
Atmosphere of City

## 10 자유와 평화
## Freedom and Peace



## 11 치유와 희망
## Healing and Hope



## 12 감사와 행복
## *Gratitude and Happiness*

# 프롤로그

**계획한 것을 계획한 대로 얻지 못하고**
**새로운 발견으로 채워가는 것이 여행이다.**

사람들이 모여들어 도시를 만든다. 사람의 왕래가 잦은 곳에 자연스럽게 시장이 형성되어 거래가 시작되고, 웅장한 시청사와 화려한 교회도 건축된다. 한쪽에는 극장이나 공연장이 세워져 예술가들이 도시의 구성원을 즐겁게 한다. 시간이 지나면서 한 도시 안에는 잘 사는 지역과 못 사는 지역이 분리되어 다양한 모습으로 변형되어간다. 가장 음습한 곳에는 슬럼이나 홍등가가 생겨나 도시의 치부가 되기도 한다. 도시에는 아름다움과 추함이 공존하고, 권력과 계층, 부귀와 빈천, 욕망과 속죄가 뒤섞여있다. 인간의 창조물이 혼재된 도시라는 공간은 역동적인 삶의 군상 그 자체다.

여행자는 도시를 여행하며 예전에 지어진 건축물을 만난다. 건축물에 서린 역사와 에피소드를 알게 되고 자신이 가장 좋아하는 방법으로 그것을 담고 저장한다. 길을 걸어 내려가 광장에 모인 사람들을 발견하고 그들의 방식을 배워나간다. 제스처, 표정, 미소, 말투, 복장 등은 여행자에게 도시의 분위기를 차분하게 설명해준다. 골목으로 들어가면 왁자지껄하게 음식을 즐기는 모습을 볼 수 있다. 음식 냄새가 후각을 자극하고 식당에 들어가 그 도시를 대표하는 요리를 주문한다. 여행은 배우고 느끼고 맛보는 과정이다. 단순하게 보이지만 여행자에게는 오래전부터 꿈꿔왔던 인생의 여정이다. 그래서 여행은 숭고하기까지 하다.

지금까지 59개국 370여 개의 도시를 다양한 방식으로 여행했다. 유학 중에 오랫동안 체류한 도시도 있고, 사회생활을 하면서 틈나는 대로 시간을 아껴가며 여행한 도시도 있고, 봉사활동이나 출장 중에 조우했던 도시도 하나둘씩 세어보니 꽤 많았다. 이렇게 많은 도시를 여행하다 보니 인생의 말년을 보내고 싶은 곳이 생겼고, 너무 위험하고 불편해서 두 번 다시 가고 싶지 않은 곳도 몇 군데 있었다. 하지만 나의 호불호에 따라 도시와 도시를 비교하며 순위와 점수를 매기고 싶은 마음은 없다. 아프고 괴로웠던 순간도 있었지만 지금까지 방문했던 도시들은 풍성한 스토리텔링의 재료가 되었고 삶의 태도에 긍정적인 에너지를 불어넣어 주었기 때문이다.

여행을 떠나기 몇 달 전부터 여행할 나라와 도시를 정하고 세부적인 동선과 여정을 세밀하게 수립했지만 여행지에 도착하면 모든 계획은 상황에 맞게 '해체'되어버린 경우가 참 많았다. 몰랐던 루트를 현지에 가서 알게 되고, 내가 만든 여정보다 더 그럴듯한 프로그램을 판매하는 여행사를 찾게 되고, 여행 첫날에 묵은 숙소에서 동행할 친구들이 우연스럽게 삼삼오오 구성되면서, 계획은 없던 일이 되거나 수첩의 메모로만 존재하는 신세로 전락하기도 한다. 이런 순간을 마주하게 되면 여행은 계획이 아닌 발견의 단계로 넘어간다. 발견의 사전적인 뜻은 '미처 찾아내지 못하였거나 아직 알려지지 아니한 사물이나 현상, 사실 따위를 찾아냄'이다. 무언가를 발견하려고 여행을 떠난 것은 아니었지만 매 순간 새로운 것을 '발견하는' 여행이 되었다. 계획한 것을 계획한 대로 얻지 못하고 새로운 발견으로 채워가는 것이 여행이다. 나의 도시 이야기는 계획에서 벗어난 발견으로 탄생한 것들이다.

문화의 다양성은 국가가 아닌 도시로 설명되어야 한다고 생각한다. 정치권력의 분리와 전쟁의 승패에 따라 도시가 갑자기 이산離散되어 각각 다른 국가에 속할 수는 있겠지만 인위적으로 그어진 물리적 국경이 문화의 국경마저 될 수는 없기 때문이다. 국가는 영토의 크기를 정하고 국가 권력이 미치는 가장 바깥쪽 가장자리에 국경선을 긋지만, 도시는 거기에 사는 사람들이 만들어낸 '문화의 가장자리'가 된다. 그래서 나는 국가가 아닌 도시 이야기를 쓴다. 누가 여행지를 물어봐도 국가이름이 아닌 도시 이름으로 답한다. 도시는 하나의 문화를 발원시키는 주체이고 생명체다.

이 세상 열 가지 복 중 아홉 개를 가진 예루살렘에 체류했고, 천재의 건축이 태양을 삼키는 바르셀로나를 몇 번이나 갔고, 탱고의 선율로 꽉 찬 부에노스아이레스에 취해도 봤고, 모든 것이 천천히 움직이는 루앙프라방에서 EBS 〈세계테마기행〉의 큐레이터가 되었고, 슬픈 예술가를 위로하는 오슬로를 백야 속에서 한없이 거닐어도 봤다. 여행했던 도시를 모두 한꺼번에 담을 수는 없어서 이 책에서는 큰 영감을 안겨주었던 40개국의 69개 도시만을 선정했다. 도시에서 받은 강렬한 느낌에 인문학의 색채를 입히려 노력했다. 원고를 정리하면서 남극대륙을 제외한 모든 대륙을 여행했다는 사실에 스스로도 경이로웠다.

나의 졸고拙稿를 긴 인내심으로 기다려주고 친구처럼 독려해준 리디아 김 대표님께 감사한 마음뿐이다. 아울러 꼼꼼하게 원고를 점검하고 책의 제목을 함께 고민해준 에이엠스토리 에디터님들께도 커다란 감사의 마음을 전한다.

도시인문학자 정희섭

# 1

## 사유의 공간

# Space of *Thought*

Jerusalem, Israel

Cambridge, U.K.

Agra, India

Heidelberg, Germany

Girona, Spain

Luang Prabang, Laos

1

# 세상의 아홉 가지 복을 가진

## 예루살렘

방콕의 관문 수완나품 국제공항이 없던 시절, 지금은 국내선 청사로 쓰이고 있는 돈므앙공항에서 이스라엘항공의 보안검색을 뚫기만 하면 그리스도의 발자취가 서린 겟세마네Gethsemane● 동산에 쉽게 갈 수 있다고 믿었다. 태국에서 이스라엘까지 지도상으로 그리 멀어 보이지도 않았다. 한 번의 비행만 더하면 된다고 단순하게 생각했다. 그러나 기대는 순식간에 무너졌다. 이스라엘 보안요원 서너 명이 번갈아가며 같은 질문을 반복했고 나의 인내심은 그 바닥을 드러내기 시작했다. 수하물을 몇 번이나 풀었다 싸기를 거듭하다 보니 체력마저 고갈되었다. 이스라엘이 처한 국제정치적 상황을 잘 알고 있었지만 이건 해도 너무한 방법이었다.

악명높은 보안요원들과의 긴 실랑이를 끝내고 가까스로 탑승에 성공했다. 보안검색에는 내성이 생겨 아무렇지도 않아 보이는 유대인을 제외하면 모든 승객들은 이미 지쳐있었다. 이방인들이 유대인의 나라에 입국하는 것이 샤일록Shylock 이 착한 사람이 되는 것보다 더 어려워 보였다.

히브리어의 강한 파찰음이 자장가처럼 들렸다. 평화협정을 맺지 않은 국가의 영공을 통과하지 못하기 때문에 아라비아반도 남단으로 우회해야 하는 이스라엘 국적기. 직선으로 갈 수 있는 거리를 밑으로 돌고 돌아서 간다. 그런 하염없는 비행기 안에서 나는 잠에 빠졌다. 터프해 보이는 유대인들과 말을 섞기엔 내공이 부족했던 것도 한몫 거들었다. 이스라엘식 영어에 아직 적응하지 못한 상태여서 그들의 말을 알아듣기 위한 노력도 체력을 저하시키는 요인이었다.

마침내 저 멀리 활주로가 보였다. 비행기 계단을 내려와 땅을 밟는 순간, '땅 위의 키스'로 그리스도의 나라에 입국함을 인증하려는 듯 승객 중 몇 명은 땅에 입을 맞췄다. 나의 행선지 예루살렘 히브리대학교는 아직 멀었다. 이제 텔아비브에 있는 벤구리온Ben-Gurion국제공항에 겨우 도착한 것이다.

히브리대학교는 해발 830미터인 스코푸스산Mt. Scopus 위에 있다. 캠퍼스 뒤편 전망대에서 예루살렘 구시가와 이슬람교 최대의 성지 황금 돔 사원이 보인다. 모태신앙을 가진 나에게 예루살렘은 '보이는 성경'이었다. 읽는 성경에서 보이는 성경으로의 전환이었다. 통곡의 벽과 다윗성, 예수님 눈물교회와 베드로 통곡교회, 그리스도가 사탄의 유혹을 물리친 유대 광야까지, 모든 것은 체험하는 바이블이었다.

『탈무드』는 유대인의 삶의 지혜를 보여주는 책이다. 지금도 유대 율법학교인 예쉬바Yeshiva에서 학습서로 사용된다. 탈무드는 열 개의 복 중 아홉 개를 예루살렘이 가졌고, 남겨진 한 개의 복을 이 세상의 나머지 도시들이 조금씩 나누어 가졌다고 말한다. 물 한 방울도 귀한 황량한 광야의 쓸모없어 보이는 예루살렘이 왜 아홉 개나 되는 복을 독차지하고 있을까.

정해진 기간의 공부를 마치고 한국으로 귀국했다. 많은 시간이 흐르고, 예루살렘에서 갈구했던 질문의 답을 사회생활을 하면서 찾게 되었다. 이 세상에서 가장 척박하고 누추해 보이는 예루살렘, 그러나 그렇기 때문에 다른 곳을 더 비옥하고 고귀하게 돋보여주는 예루살렘. 모두가 부와 명예와 아름다움을 자랑하고 있을 때, 사람들의 발을 씻기러 이 땅에 오신 구세주의 모습에서 예루살렘의 복을 생각했다. 복이란 스스로 낮추는 자에게 먼저 오는 것이리라.

● '올리브 기름을 짜는 틀'이라는 뜻으로 감람산의 입구에 올리브(감람)기름을 짜는 틀이 있다고 하여 겟세마네라는 이름으로 부르기 시작했다.

●● 윌리엄 셰익스피어의 『베니스의 상인』에 나오는 유대인 고리대금업자다.

2

# 강물 위에 놓인 학문의 다리

케임브리지

학문이란 작은 관심에서 시작한다. 관심이란 김춘수 시인의 꽃처럼 내가 특정한 것에 대해 이름을 불러준 것과 같다. 관심은 몰두로 변하고, 몰두는 주변의 것들과 소통하며 한 분야를 아우르는 일가견이 된다. 학문은 작은 관심에서 시작되지만 일가견을 이루어 수많은 사람들을 감동시킬 뿐만 아니라 온 세상 사람들에게 실용적인 편익도 제공한다. 런던을 거쳐 케임브리지에 도착했을 때 난 '관심의 냄새'를 맡았다. 코로 맡은 냄새가 아닌 뇌로 느낀 냄새다. 우글거리는 관심의 보따리들이 캠강Cam River 위에 놓인 다리로 끊임없이 왔다 갔다 하는 환상을 보는 듯했다.

이름도 고귀하게 들리는 케임브리지에 공부하러 온 것은 아니었지만 도시를 둘러보는 내내 지적 욕구를 해소한 것 같은 충만함을 느꼈다. 보기만 해도 배가 부르고, 둘러보기만 해도 지적 욕구가 해소되고, 내가 창조한 과장법의 세계는 그 끝이 없다.

케임브리지대학교 출신으로 노벨상을 받은 사람이 무려 120명에 달한다. 이쯤 되면 대학의 역사와 규모를 질문하는 것 자체가 실례일지도 모른다. 120명이 인류에 기여한 공적과 영국이 '해가 지지 않는 나라'일 때 식민지에서 행했던 악행이 머릿속에서 두 갈래 길을 만들어 놓는다. 어떤 길로 갈지는 선택의 문제다.

케임브리지대학교에서 가장 규모가 큰 트리니티 칼리지는 아이작 뉴턴, 찰스 다윈, 프랜시스 베이컨을 배출한 학교로 그 명성이 대단한데, 그들이 주창한 만류인력의 법칙, 진화론, 경험론도 어찌 보면 매일 반복되는 일상 속에서 관심을 갖고 지켜본 어떤 것의 결과였을 것이다. 실제로도 이곳 학생들은 그저 관심 있는 것을 정리하고 토론하고 글로 남기는 행위를 하는 듯 했다. 남들과의 경쟁에서 이기고자 공부를 위한 공부를 하는 곳과 그렇지 않은 곳의 차이는 노벨상의 개수가 말해준다고 한다면 지나친 비약일까.

퀸스 칼리지 건물에서 강을 건너는 수단으로 1749년에 놓인 '수학의 다리Bridge of Mathematics'는 다리에 얽힌 수많은 야사만으로도 운치가 있어 보였다. 아이작 뉴턴이 수학의 다리 중간에서 실제로 중력 실험을 했는지는 설이 분분하지만 이런 소품이 케임브리지를 더 빛나게 하는 건 확실했다. 아이작 뉴턴은 작은 다리에 엄청난 명성을 부여한 사람이다. 학교 안의 모든 존재가 후광효과를 만들고 있는 도시 케임브리지. 수학의 다리는 건축학과 학생들이 만들어 놓은 습작처럼 보여도 책 한 권은 거뜬히 쓸 수 있는 에피소드를 간직하고 있다.

한강에 비하면 도랑에 불과한 캠강, 수심이 얼마나 낮은지 장대로 강바닥을 힘차게 밀어서 배를 움직인다. 펀팅Punting이라 불리는 이 뱃놀이는 케임브리지의 명물이다. 배 위에서 '낮은 항해'를 즐기는 관광객들의 모습조차 모두 학자 같았다. 노를 젓는 사공의 표정 또한 예사롭지가 않다. 역사와 위인들이 구축해놓은 후광효과가 뱃놀이에마저 영향을 미치는 것일까. 그런 건 절대로 아니겠지만, 중요한 것은 지금도 케임브리지의 학교 안에서 작은 관심이 큰 학문으로 태동하고 있다는 것이다.

공부하다가 지친 사람들에게 케임브리지 여행을 권한다. 작은 관심의 보따리를 선물로 받아올지도 모르는 일이다.

3

# 사랑, 사랑은 영원하리

아그라

사랑은 불가사의다. 사랑은 때론 기적을 만들고 신도 감탄할 만한 영원성을 창조해낸다. 그것이 남녀 간의 사랑이라면 신의 질투마저 불러일으키는 듯하다. 남녀 간의 사랑이 늘 비운으로 끝나는 것은 신이 질투하기 때문일 것이다. 사랑의 힘으로 만들어진 것은 명물이 되고, 명성을 얻어 후세에게 전달된다면 유산이 된다. 나아가 전 인류가 아끼는 존재가 될 때, 우리는 '위대한'이라는 수식어를 붙여 비로소 '위대한 유산'으로 칭송한다. 야무나Yamuna강가에 위치한 작은 도시 아그라에 연간 8백만 명의 여행객이 사랑의 힘으로 건축된 위대한 유산을 보러 방문한다.

인도대륙의 마지막 왕조 무굴제국의 5대 황제였던 샤자한Shah Jahan

은 아내인 아르주만드 바누 베감Arjumand Banu Begum의 죽음을 애도했다. 14명의 자녀를 둔 황제와 황후의 사랑은 끝나지 않을 것 같았다. 하지만 황후는 15번째 아이를 낳다가 세상을 떠났고 샤자한은 슬픔에 몸부림쳤다. 그는 황후를 기리기 위해 세상에서 가장 화려한 무덤을 짓기로 했다. 이탈리아, 이란, 터키, 중국에서 최고의 건축가를 불러들였고, 22년간 매일 2만 명의 노동력을 동원했다. 국가 재정이 휘청거릴 정도의 금액을 쏟아부은 결과 뭄타즈마할Mumtaz Mahal이 완성되었다. 뭄타즈마할은 '선택받은 궁전'이라는 뜻인데 세월이 흐르면서 타지마할Taj Mahal이라 회자되기 시작했다.

궁전이면서 무덤이었던 타지마할은 아그라의 처음이자 끝이고 복제가 불가능한 유일무이한 존재였다. 샤자한은 모든 공사가 끝나고 건축 설계를 맡았던 핵심 인력의 손목을 잘라 버렸다고 한다. 황제는 아내에 대한 사랑의 결정체가 다른 사람에 의해 복제되는 되는 것을 허락하지 않았다. 역사는 손목을 잘린 사람들의 고통을 기록하지 않고 황제의 사랑만을 찬미하고 묘사했다.

많은 전쟁에서 승리하며 무굴제국의 영토를 최대로 넓힌 6대 황제는 샤자한의 셋째 아들 아우랑제브Aurangzeb였다. 장자가 왕위를 계승한다는 원칙이 없었던 무굴제국에서는 가장 힘이 센 아들이 다음 황제로 즉위했는데, 승승장구하던 아우랑제브는 아버지의 권력을 찬탈했다. 왕위를 빼앗긴 샤자한은 유배되었다가 죽어서야 타지마할에 돌아올 수 있었다.

무굴제국은 아우랑제브가 죽고 나서 급격하게 국력이 쇠퇴하여 1857년 멸망했다. 러브 스토리와 망국은 언제나 희비의 정점에 둥지를 튼다. 황제의 사랑은 아름다웠지만 제국의 멸망은 그 누구도 막지 못한 슬픔이었다.

사랑에 흠뻑 빠져보고 싶은 사람들, 그리고 사랑에는 유효기간이 있다고 생각하는 사람들에게 아그라 여행을 권한다. 찬란히 번성했던 제국의 한때, 아내를 사랑했던 황제의 순애보가 사랑의 에너지를 충전해 줄 것이다.

현지인보다 20배나 많은 입장료를 내는 것에 화가 치밀고 외국인에게 물건을 팔기 위해 몰려드는 아이들을 쫓아 내는 것도 피곤했지만 이런 불편이 조금도 여행을 방해하지는 못했다. 불완전한 인간의 사랑, 모든 인간사를 관장하는 전지전능한 신, 사랑은 신에게 대적할 수 있는 유일한 무기인 동시에 신에게 다가갈 수 있는 유일한 통로라는 생각을 하며 타지마할 앞에 섰다.

4



# 철학자의 발자국 소리가 고성 위로 퍼지는

현대 철학을 공부하는 사람에게 헤겔, 야스퍼스, 하이데거는 큰 산과 같은 존재다. 비단 철학뿐 아니라 문학과 역사학, 그리고 거의 모든 사회과학에서 이들의 말과 사상은 많이 인용된다. 하이델베르크대학교에서 교편을 잡거나 연구 활동에 몰입했던 이 철학자들은 휴식이 필요할 때마다 산책을 했는데, 언제부턴가 사람들은 철학자들의 산책길을 철학자의 길Philosophenweg이라 부르기 시작했다. 프랑크푸르트에서 고속열차를 타고 '하이델베르크Heidelberg'라는 발음 자체만으로도 독일스러움이 느껴지는 이 대학도시에 도착했다. 철학자의 길을 걸으면 그들의 어려운 사상이 내 머릿속에 쉽게 다운로드 될 것 같은 즐거운 상상을 하면서.

독일은 어디를 가도 '검소'라는 말이 떠오르지만 이 도시는 더욱 검소해 보인다. 검소는 초라한 것과는 차원이 다르다. '있어 보이는 당당함'이 검소다. 독일에서 가장 오래된 대학교가 있어서인지 길에서 보는 사람들의 옷차림은 참으로 수수하다. 도시 인구 16만 명 중 약 3만 명이 대학생이라고 하니 이것이야말로 수수함의 비결이다. 하이델베르크대학교의 건물은 대부분 6백 년 이상 된 것들이 많아서 하나하나가 문화재급이다. 오래된 것이 전부 좋은 것은 아니겠지만 그 고풍스러움은 따라갈 수가 없다.

한국에서는 비싼 등록금을 내면서 공부해야 하지만 독일에서는 등록금이 없고 학생들이 공부하는 것 자체를 사회 발전에 기여하는 노동이라고 여긴다. 공부가 노동이라는 생각을 해본 적이 없지만 순식간에 공감하고 동의한다. 스스로 돈을 들여 최대한 길게 만들려는 '가방끈'이 아닌, 본질에 답하는 것이 여기선 공부하는 것으로 인정받는다. 철학이란 본질에 질문하고 답하는 학문이 아니던가. 독일이 철학에 강한 이유가 바로 여기 있었다.

학생들이 많다 보니 물가도 다른 도시에 비해 저렴하다. 하이델베르크에선 호텔보다 유스호스텔이 어울린다. 하이델베르크 고성Heidelberger Schloss 주변에 있는 호스텔 8인실에서 여행의 첫 번째 날을 보내기로 했다. 도시의 분위기는 숙소를 정하는 작은 일에도 관여한다. 럭셔리보다는 검소함이 여기선 더 철학적이다. 이미 방 안에는 자메이카, 미국, 네덜란드, 일본에서 온 친구들이 자리를 잡고 있었다. 처음 만나는 사람들이지만 아시아에서 온 이방인의 입장을 환영했고, 모두가 이 도시를 찬미했다. 하이델베르크는 스스로를 알리려고 하지 않는다. 가만히 있어도 내가 여기 온 것처럼 사람들이 알아서 찾아온다.

고성 위에서 내려다보는 네카어강Neckar River 건너편 철학자의 길. 철학자들의 발자국 소리가 강의 물줄기를 타고 올라와 고성 위로 퍼지는 듯하다. 공부하는 것의 의미를 찾고자 하는 사람들에게 하이델베르크 여행을 권한다. 일주일쯤 묵어도 좋다. 지금 독일에서 가장 유명한 철학자 페터 슬로터다이크Peter Sloterdijk ● 를 우연히 만날지도 모르는 일이다. 누가 알겠는가.

● 한국에서는 『너는 너의 삶을 바꿔야 한다』, 『냉소적 이성 비판』 등의 저서로 유명해졌다. '철학계의 악동'이라는 별명이 있을 정도로 창의적인 글을 쓰고 있다.

5

# 중세와 근대 건축가의 절묘한 조화

지로나

거장들은 거장의 반열에 오르기 전까지 무수히 많은 습작을 남긴다. 습작을 통해 자신만의 스타일을 찾고, 그러한 스타일이 발전하여 다른 사람들과는 확연하게 구별되는 영역을 구축하게 된다. 거장의 습작은 더 이상 습작이 아닌 명작의 대우를 받게 된다. 습작이 거장을 만들고 습작은 거장을 통해 명작이 되는 것이다. 습작은 단순히 연습작품이 아닌, 거장의 초기작품으로 인식되어 '작가론'의 한 페이지를 구성하게 된다.

바르셀로나에서 기차로 한 시간 반 정도 북쪽 방향으로 올라가면 지로나가 나온다. 스페인어로는 '헤로나Gerona'라 불리지만 카탈루냐어로는 '지로나'라고 부른다. 독재자 프란시스코 프랑코는 카탈루냐 민족주의를 말살하면서 그 언어부터 없애려고 했다. 그는 집권하면서부터 카탈루냐 지방의 토착어인 카탈란Catalan 사용을 금지시켰다. 인구가 약 10만 명인 이 소도시를 헤로나라고 발음하든 지로나라고 부르든 외국인인 나에게 큰 의미는 없다. 그러나 나는 지로나를 더 지지한다. 어감상으로도 헤로나보다는 지로나가 왠지 더 좋게 들린다. 헤로나에서는 '해로운' 독재의 냄새가 풍기는 듯하다.

뉴욕의 상징 자유의 여신상과 파리의 명물 에펠탑을 설계한 구스타브 에펠● 은 지로나에 작은 철교를 남겼다. 다리의 이름은 'Pont de les Peixateries Velles' 인데 불어에 문외한인 나로서는 제대로 발음조차 할 수가 없다. 나와 같은 이유에서인지는 모르겠지만 사람들은 이 다리를 그냥 '에펠 다리El Puente Eiffel'라고 부른다. 에펠이 프랑스 사람이어서 이해는 가지만 카탈루냐에 불어 이름을 가진 빨간색 철제 다리를 놓은 것은 좀 어색하다. 하지만 흥미로운 것은 에펠이 1877년에 제작한 이 생뚱맞은 철교를 보기 위해 관광객이 몰려온다는 사실이다.

에펠은 뉴욕과 파리에 존재하는 인생 역작으로 명성을 얻기 전에는 평범한 토목기사로서 주로 철교를 가설했는데, 그의 초기 작품이 지금은 명작이 되어 지로나에 남게 된 것이다. 그것이 어떤 도시에 있건 에펠이 만든 것임은 부정할 수 없는 사실이지만 에펠의 명성이 높아짐에 따라 지로나의 에펠 다리는 명작의 지위를 부여받게 된 듯하다. 결국 사람의 존재감에 따라 작품의 가치는 달라질 뿐이다. 파리의 흉물로 철거해야 한다는 혹평까지 받았던 에펠탑은 1991년 일찌감치 세계문화유산의 지위를 부여받았다.

지로나는 미로처럼 얽힌 골목과 로마시대의 성벽이 잘 보존된 중세도시다. 도심을 관통하는 오냐르강Onyar River 주변에 12세기 이슬람제국 지배 시절에 만들어진 아랍 목욕탕 터El Banys Arabs가 있다. 목욕탕 내부가 지금 사용해도 될 정도로 보존 상태가 좋았다. 지로나의 대표적 건축물 산 펠리우 대성당Basilica Sant Feliu Catedral 뒤쪽 언덕은 훌륭한 전망대다. 지로나의 도시 전경은 벨기에의 중세도시 브뤼헤를 닮았다. 'Dark Ages'라 불리는 중세시대를 좋아하지 않지만 도시를 표현하는 말로서는 좋아한다.

예쁜 골목에 있는 식당에서 바르셀로나보다 싼 가격으로 음식과 맥주를 즐겼다. 기차역으로 돌아오는 길에 에펠 다리를 다시 한번 자세히 훑어봤다. 왜 에펠은 모든 것이 고풍스러운 이 도시에 전혀 어울리지 않는 빨간색을 사용한 것일까. 실험정신을 강조한 단순한 습작이 그의 명성과 함께 명작으로 치부되며 '절묘한 조화'라는 착시현상을 만드는 건 아닐까. 그가 거장이 되지 않았다면 도시의 골칫거리가 되어 벌써 철거되었을까. 질문이 계속 나오는데 알 길이 없다. 에펠만 안다.

● 1885년 뉴욕에 자유여신상 내부를 설계한 에펠은 1889년 프랑스 혁명 100주년을 기념해 개최된 파리만국박람회에서 에펠탑을 공개했다.

# 6

# 빨리 간들 무엇하리

## 루앙프라방

탁발托鉢●을 보기 위해 먼동이 틀 무렵 일어나야 했다. 인도차이나 반도의 젖줄 메콩강이 뿜어내는 기를 받으며 오랜만에 '맛있는' 숙면을 취했다. 이상하리만치 머리가 가벼운 것은 한국에서의 '빨리빨리'를 이 도시에선 모두 내려놓았기 때문일 것이다. 무슨 일이든 빨리하는 것이 한국에서는 효율이고 능력일지 모르겠지만, 메콩강과 남칸강이 한데 모이는 루앙프라방에서 '빨리'라는 말이 필요한 곳은 없어 보인다.

잠시 상념에 잠겨 있는 동안 창문 밖에서는 주는 사람의 숭고함과 받는 사람의 감사함을 체험할 수 있는 탁발托鉢을 보기 위해 군중이 몰려든다. 현지인뿐만 아니라 관광객도 이 신성한 의식에 참여할 수 있다. 승려가 남에게서 음식을 '빌어먹는' 불교의식이 이제는 루앙프라방 최고의 관광 포인트가 되었다. 고산지대의 서늘한 아침 바람을 막기 위해 제법 두꺼운 야상을 입고, 도시 전체가 유네스코 문화유산이라는 고도高都이자 고도古都인 루앙프라방의 이른 아침을 맞는다.

보시布施하는 사람, 보시를 받는 사람, 간절한 마음과 감사한 표정만 있다. 승려들이 입은 주황색 법의는 도시의 분위기를 더욱더 성스럽게 만든다. 아낌없이 주는 모습을 가까이서 보며 혼탁한 대도시에서 묻은 사악한 마음의 때를 씻어낸다. 불교 신자는 아니지만 마음이 심란할 때면 잠시 직선적인 세계관에서 벗어나 윤회하는 인생을 생각한다. 다음 생에 나는 어떤 모습으로 태어날까. 시작과 끝이 있는 직선보다는 어디가 처음이고 어디가 끝인지 모를 둥근 원에서 인간만이 느끼는 은밀한 고민을 토로한다.

탁발의 감동을 눈에 담고 숙소로 돌아와 로비에 마련된 식당에서 느긋하게 아침 식사를 했다. 천천히 먹는다고 눈총을 줄 사람은 없다. 아침 열 시가 다 되어서 루앙프라방의 전경을 한눈에 담을 수 있는 푸씨Phou Si로 향했다. 해발 100미터의 언덕이라고 하지만 그래도 산은 산이다. 이마에 땀방울이 맺힌다. 폭이 좁은 남칸강이 드넓은 메콩강으로 합쳐지면서 절묘하게 만들어진 작은 반도 위에 루앙프라방이 세워졌음을 눈으로 깨닫는다. 200여 년 전 산 정상에 세워진 금빛 사원 탓 촘씨That Chomsi. 정오가 되면서 강렬한 햇빛을 받아 금빛을 발하기 시작한다. 빛을 받아 빛을 발하는 것이 탁발의 주고받음과 비슷하다.

씨사왕웡Sisavangvong거리의 야시장은 루앙프라방의 명물이다. 카무족, 아카족, 몽족 등 소수민족들이 직접 만든 수제품을 좌판에 늘어놓고 팔고 있다. 한편에서는 길거리 음식을 주문하려는 여행객들의 다양한 억양이 왁자지껄하다. 움직이지 않을 것 같지만 움직이고 있는 루앙프라방의 '정중동靜中動'을 볼 수 있는 곳이다.

차분히 기다리지 못하는 사람들에게 루앙프라방 여행을 권한다. 기다림은 결코 늦게 가는 것이 아님을 배울 수 있을 것이다. 기다리는 것은 손해를 보는 것이 아니라고 루앙프라방은 천천히 말한다. 그리고 인생은 유한한데 왜 빨리 가려 하는지 이 도시는 우리에게 넌지시 묻는다. 빨리 간들 무엇 하리.

● 탁발은 불교에서만 행해지는 의식이 아니다. 남이 주는 음식이나 물건으로 연명하는 것은 금욕주의의 일환으로써 자발적 빈곤을 의미하는데, 가톨릭교나 이슬람교에서도 탁발의식을 행하는 종파가 있다.

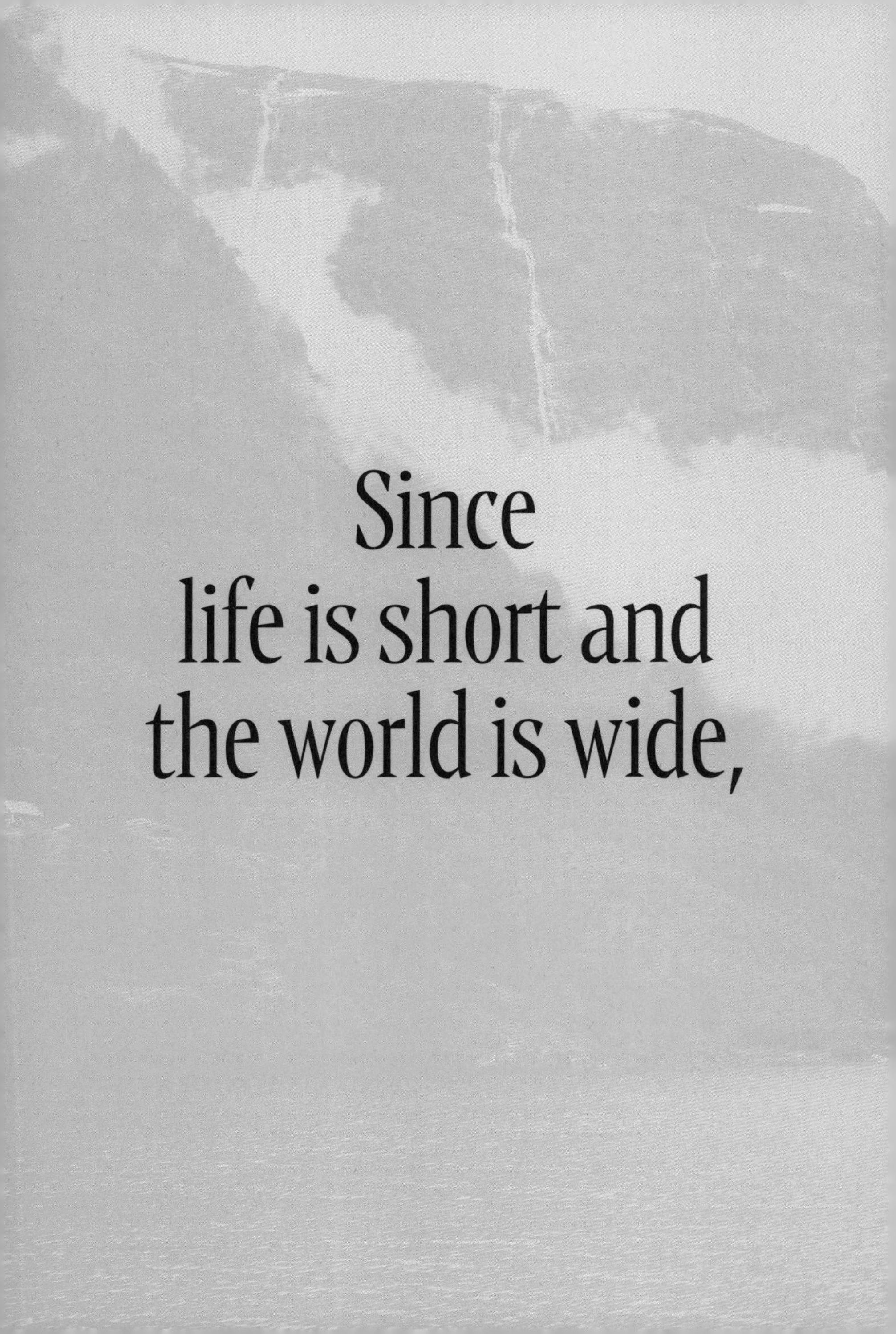

Since
life is short and
the world is wide,

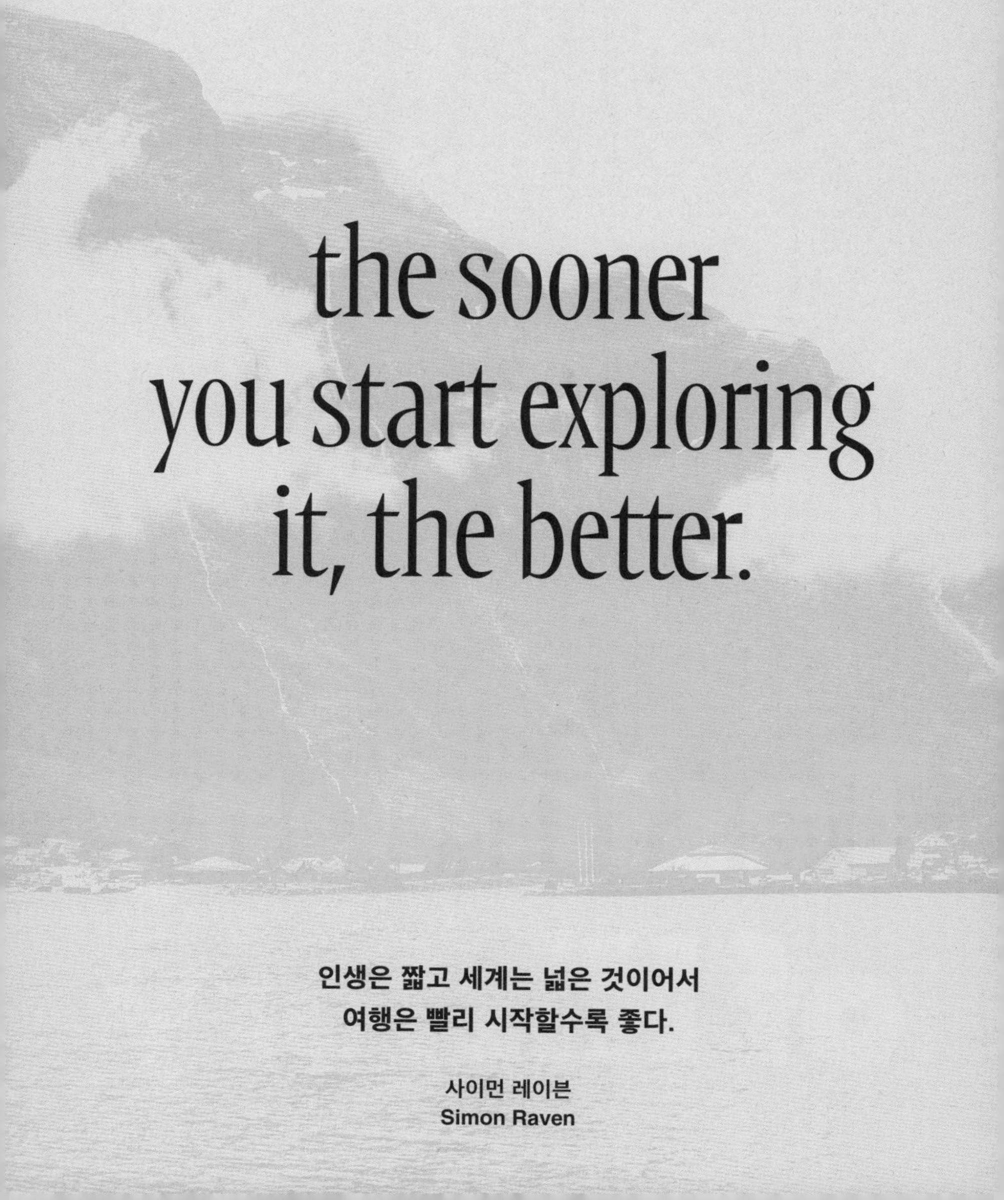

# the sooner you start exploring it, the better.

인생은 짧고 세계는 넓은 것이어서
여행은 빨리 시작할수록 좋다.

사이먼 레이븐
**Simon Raven**

# 2

역사의 증언

# Testimony of History

Hague, The Netherlands

Hue, Vietnam

Strasbourg, France

Dresden, Germany

Xi'an, China

Istanbul, Turkiye

16.

1

# 타개하지 못하고 타계한 열사의 한

헤이그

일본이 1905년 을사늑약을 체결하고 제일 먼저 한 일은 대한제국의 외교권을 박탈한 것이다. 외교권은 국제사회에서 독립국가가 가져야 할 최소한의 권한이다. 외교권의 상실은 국가를 보호할 수 있는 마지막 힘을 잃는 것과 같다. 외교권이 없는 국가와 조약을 맺을 나라는 없기 때문이다.

대한제국 황제 고종은 1907년 네덜란드 헤이그에서 열린 만국평화회의에 이준, 이상설, 이위종을 파견했다. 우리는 그들을 '헤이그 특사'라 부른다. 특사는 을사늑약의 부당함과 한국의 주권회복을 국제사회에 호소하려고 했다. 그러나 열강들의 반응은 냉대에 가까웠다. 회의 참석은 외교권이 없다는 이유로 거부되었고, 일행 중 한 명이었던 이준은 울분을 참지 못하고 분사했다.

암스테르담을 거쳐 네덜란드 말로는 덴 하그Den Haag라고 불리는 헤이그Hague에 도착했다. 네덜란드에서 델프트Delft와 더불어 가장 아름다운 도시로 여겨지는 헤이그에는 의미 있는 장소가 참 많다. 특히 국제사법재판소는 아름다운 건물 외관을 자랑하는데, 1913년 강철왕 앤드류 카네기Andrew Carnegie의 지원으로 지어졌다. 토지는 네덜란드 정부가 제공하고, 건물 내의 각종 물품은 세계 각국의 기증을 받았다.

1895년 조선에 처음으로 설립된 '법관양성소'를 졸업하고 실제로 법조인이 되었던 이준 열사는 타지에서 생을 마감했지만 그의 혼은 아직도 국제사법재판소 앞에서 맴도는 듯했다. 그는 국권 상실의 암울했던 상황을 타개打開하지 못하고 타계他界했다. 특사 이준이 국제사회에 전하고자 했던 메시지를 연단에 서서 당당히 피력하는 모습을 상상했다. 1907년 헤이그 특사가 묵었던 숙소는 1995년에 이준열사 기념관으로 재개관했다. 유럽에 존재하는 유일무이한 항일독립운동 유적지라는 설명에 마음이 숙연해졌다.

헤이그는 오라녀Oranje왕실이 수집한 미술품을 소장하고 있는 마우리츠하이스 미술관Mauritshuis Museum으로도 유명하다. 단연 얀 베르메르Jan Vermeer의 〈진주 귀고리 소녀〉는 최고의 인기 작품이다. 그림 속 소녀의 표정은 모나리자의 애매모호한 표정보다 더 신비롭고 오묘하다. 이 그림을 소재로 미국 작가 트레이시 슈발리에Tracy Chevalier는 소설을 썼고, 2003년엔 피터 웨버Peter Webber 감독이 영화로 제작했다.

미술관에서 만난 렘브란트, 루벤스, 얀 스텐 등 거장의 미술작품은 여정을 무너뜨린 파괴범이 되었다. 무계획으로 다니는 것이 나의 여행 스타일이지만 헤이그에선 미술작품을 길게 감상하느라 다음 목적지를 생각할 여력이 없었다. 비분강개했던 조선 청년의 한을 조금이나마 공감하고 싶은 사람들에게 헤이그 여행을 권한다. 역사적인 이유가 아니라도 좋다. 여행을 하면서 책에 기록된 역사를 직접 확인하고 되새기는 것도 의미가 있겠지만 미술작품에 등장하는 장면을 스토리텔링하는 것도 설레는 일이다. 명화의 프레임 안에 큼지막한 진주 귀고리, 다분히 의심스러운 눈초리, 소녀의 관능적인 입술이 절묘하게 버무려져 진품의 아우라를 뿜어낸다. 진품을 보는 즐거움으로 여정이 잠시 중단되는 것도 여행의 일부다.

2

후에

# 태평연월을 누린 황제의 고도

중화사상은 중국인의 자부심을 일컫는 말이지만, 점점 작아져 가는 지구촌의 현대인에게는 참으로 어리석게 들리는 말이다. 중국 전문가가 아니라서 내포된 다른 뜻을 모두 헤아릴 수는 없지만, 한때나마 다른 민족을 동이東夷, 서융西戎, 남만南蠻, 북적北狄 등으로 매도했던 것은 이기적이고 무지한 생각이었다. 자신들과 다르면 모두 오랑캐가 되는 상황은 상상하기조차 싫다.

삼국지는 한족漢族 위주의 세계관을 담고 있는 서사다. 삼국지에서 제갈량과 인연이 깊은 남만은 야만적인 식생활을 즐기는 미개한 존재로 묘사되어있다. 지금의 운남성을 포함한 인도차이나반도 북쪽을 남만 지역이라고 지칭할 수 있다면 중국을 모질게 괴롭혔던 베트남도 포함될 수 있겠다. 베트남은 중국대륙에 존재했던 송宋, 원元, 명明, 청淸왕조의 침입을 당당히 물리쳤고, 중화인민공화국과의 중월中越전쟁에서도 이겼다.

중화가 아닌 '월화越華'가 느껴지는 베트남 후에에 도착했다. 후에는 응우옌 왕조의 고도古都이자 쯔진청紫禁城● 이 있는 도시다. 후에의 쯔진청은 베이징의 쯔진청을 조롱이라도 하듯이 똑같은 이름으로 존재하는 베트남 황제의 공간이다. 한족의 관점에서는 스스로를 천자天子라 칭하는 황제는 중국에만 있어야 했다. 제후국諸侯國의 왕이 황제가 되는 순간 그것은 군신관계를 끊는 반역일 뿐만 아니라 처절한 보복을 불러왔다. 그러나 베트남은 당당히 황제국이 되었다. 베트남의 왕들은 황제로 즉위하였으며 사후에는 엄청난 규모의 황제릉에 안장되었다.

후에를 수도로 삼았던 응우옌 왕조는 143년간이나 번성하며 13명의 황제를 배출했다. 중국 왕조의 손아귀에서 오백 년 내내 조공을 바치며 신음하던 조선과는 전혀 다른 길을 걸었다. 그것은 진정한 승전국만이 누릴 수 있는 호사였다.

아직까지 노선버스 같은 관광 인프라가 충분치 않아서 인력거를 타고 또 발품을 팔고 나서야 황제의 무덤에 도달할 수 있었다. 민망Minh Mang 황제릉, 뜨득Tu Duc 황제릉, 그리고 계속되는 다른 황제릉, 베트남에서 황제를 알현하는 기분이 남달랐다. 조선에게 조공을 요구한 적이 없는 황제국 베트남의 황제들이었다. 베트남 사람들은 20세기 초까지 사용하던 한자를 과감히 버리고 로마자를 기본으로 하는 현대 베트남어를 만들었다. 새로운 문자를 배포하고 누구라도 쉽게 글을 배우게 했다. 진정한 독립이란 남의 눈치를 보지 않고 행하는 것임을 베트남에서 배운다.

이 도시에서 놓쳐서는 안 될 장소가 있다. 바로 꿕혹Ouoc Hoc이다. '국학國學'의 베트남어 발음이다. 이데올로기를 개입시켜 생각하면 호불호가 갈리는 사람이 될 수도 있겠지만, 베트남을 외세의 침략에서 지켜낸 국부國父 호치민 주석이 공부했던 학교다. 호치민은 꿕혹의 교정에서 훗날 그가 맞닥뜨린 베트남의 전쟁을 예상했을까. 교정에 세워진 젊은 호치민의 동상과 붉은색의 베트남 국기는 응우옌 왕조의 영화와 격렬하게 섞여 몽환적인 분위기를 만든다. 태평연월의 꿈을 간직한 도시 후에를 자신감을 잃은 사람들에게 권한다.

● 자금성은 명과 청 왕조의 궁궐로서 아무도 범접할 수 없는 공간이라는 뜻을 가져 영어로는 'Forbidden City'로 번역된다. 베트남이 후에에 자금성이라는 이름의 궁궐을 지은 것은 스스로 황제국이 되었음을 의미한다.

3

# 독일풍이 감도는 알자스 로렌의 예쁜 꽃

스트라스부르

"Vive la France."

아멜 선생님이 칠판에 마지막으로 쓴 문장은 '프랑스 만세'였다.

1871년에 발표된 알퐁스 도데의 「마지막 수업」은 모국어인 프랑스어로 더 이상 수업할 수 없는 학교의 모습을 잘 묘사한 단편소설이다. 1980년대까지 초등학교 교과서에도 실렸던 이 작품이 한국에서 큰 공감을 얻어낸 이유는 일제강점기 한글을 사용하지 못했던 상황에서 찾을 수 있겠다. 프랑스의 민족주의를 한국에 투영하는 것은 무리가 있겠지만 오헨리의 『마지막 잎새』와 더불어 한국인이 애독하는 소설 중 하나다.

소설에서는 독일을 모국어 사용마저 금지시키는 사악한 점령군으로 묘사하였다. 하지만 역사적 사실은 사뭇 다르다. 「마지막 수업」의 배경이 되었던 알자스 로렌Alsace-Lorraine은 중세시기 이후 줄곧 독일의 영토였으나, 제2차 세계대전에서 패한 독일은 프랑스에게 이 지역을 양도해야 했다. 알자스 로렌 지역의 원래 언어는 알자스어Elsässisch로 독일어의 방언이다. 오히려 프랑스가 알자스 로렌을 점령했던 시절 독일어 사용을 통제하고 급격한 프랑스화 정책을 펼쳤다는 것이 팩트다. 로렌은 알자스보다 먼저 프랑스화가 이루어졌다.

독일과 프랑스는 석탄과 철광석이 풍부한 알자스 로렌을 차지하기 위해 분쟁과 전쟁을 반복했다. 알자스 로렌 지방의 중심도시 스트라스부르Strasbourg는 독일어로 슈트라스부르크Straßburg라고 불린다. 독일의 대문호 괴테와 오스트리아의 정치가 메테르니히Metternich는 슈트라스부르크대학교에서 수학했다. 지금은 스트라스부르대학교지만 1538년 루터교 김나지움Gymnasium으로 개교했고, 1872년 독일제국에 의해 재설립된 독일 학교였다. 근대 인쇄술을 발명한 독일인 구텐베르크Gutenberg도 슈트라스부르크에 머물렀다.

독일을 여행할 때마다 나는 아헤른Achern이라는 작은 도시에 들른다. 독일에서 회사를 창업해 큰 성공을 거둔 나의 친구 하인츠 브루너Heinz Brunner가 사는 곳이다. 내가 그의 집을 방문할 때마다 스트라스부르에 있는 오페라하우스의 공연을 예약해 놓곤 했는데, 지금 생각하니 하인츠는 언제나 슈트라스부르크로 발음했던 것 같다. 그는 현재 프랑스 영토인 스트라스부르가 아닌 독일의 영토였던 슈트라스부르크를 염원하고 있었던 것일까.

식당에서 추천을 받아 알자스 요리를 주문했다. 프랑스어로는 슈크루트Choucroute, 알자스어로는 수르흐루트Suurchrut라는 요리였다. 발효된 양배추에 소시지와 베이컨, 감자와 양파를 곁들이는 음식인데, 독일 사람들이 김치처럼 먹는 자우어크라우트Sauerkraut의 '알자스 버전'이라고 보면 된다. 이 음식을 먹을 때 와인보다는 맥주가 더 생각나는 걸 보면 이건 분명히 독일 음식이었다. 와인이 어울리면 프랑스 음식이고 맥주가 어울리면 독일 음식이라는 식의 즉흥적이고 수준 낮은 생각이 머릿속을 채웠다.

1962년 스트라스부르에는 유럽의회가 설립되었다. 자국의 이익을 위해 독일과 프랑스가 끝까지 차지하고 싶었던 이 분쟁 지역에 유럽의회가 있다는 것은 프랑스 안의 독일, 독일 안의 프랑스를 인정하려는 유럽인들의 지혜가 아니었을까. 도시를 흐르는 아름다운 일강L'ill River만이 그 답을 알 것이다.

4

# 부활의 진정한 의미

드레스덴

폴란드의 바르샤바가 나치 독일의 침공으로 쑥대밭이 되었다면 히틀러가 가장 사랑했다던 드레스덴은 영국 공군의 폭격으로 모든 것이 잿더미로 변했다. 폭격은 군인과 민간인을 가리지 않았고 폭탄 투하를 지시한 사람은 전승국의 장군이라는 이유만으로 영웅이 되었다. 전쟁의 승리와 패배는 수많은 사람을 학살하고도 영웅이냐 전범이냐의 기준이 된다. 이런 관점에서 인간이 만물의 영장이라는 말에 동의할 수 없다. 가장 합리적인 존재라는 인간이 한편으로는 가장 어리석은 선택과 기준을 만들어 '어리석음의 악순환'을 반복한다. 인간이 수없이 일으키는 전쟁, 그 이름은 자멸이다.

전쟁은 공격과 방어라는 두 가지 속성으로 간단히 해석될 수도 있지만 그 상처는 우리의 뼛속까지 태워 버린다. 드레스덴은 이미 영화 용어가 된 '블록버스터Blockbuster'의 의미를 되새기게 한다. 블록버스터는 한 블록 전체를 날려버리는 폭탄을 말한다. 사람이 살고 있는 한 개의 블록 전체를 파괴한다니 듣기만 해도 끔찍하다.

중앙역을 나와 무미건조하게 계속되는 현대식 건물을 십 분 정도 지나치면 노이마르크트 광장Neumarkt이 나온다. 광장 중앙에 블록버스터의 파괴력과 부활의 의미를 상징하는 프라우엔Dresdner Frauenkirche 교회가 서 있다. 한때는 폭격으로 전소되었던 교회다. 엘베강Elbe River 가에 있는 이 웅장한 교회야말로 드레스덴의 상징이었고 종교개혁의 정점이었다.

드레스덴 시민의 자부심이었던 교회가 불타 없어진 것은 도시의 죽음을 의미했다. 살아남은 사람들이 할 수 있었던 것은 무너져 내린 교회의 잔재 하나하나에 번호를 매기는 것이었다. 번호를 매겨 보관했던 파편들이 다시 합쳐져 교회가 재건되었고, 교회 앞에 세워진 마르틴 루터Martin Luther의 동상은 프라우엔 교회를 유럽에서 가장 중요하고 의미 있는 교회로 재탄생시켰다. 1945년의 폭격일로부터 80년 가까이 지났지만 드레스덴은 아직도 부활의 역사를 계속 써가고 있다.

뮌헨, 베를린, 함부르크, 쾰른, 트리어 등 독일의 유명하다는 도시는 거의 다 가봤지만 드레스덴은 매력이 없어 보였기에 항상 후순위로 밀렸다. 체코 프라하로 들어가는 길목에서 마지막 독일 맥주를 즐길 수 있는 낙후된 동독지역의 도시로 여겼지만 나의 편견은 오래지 않아 사라졌다. 프라우엔 교회를 통해 드레스덴은 부활의 진정한 의미를 알려 주기에 충분했다. 독재자의 광기가 만들어낸 전쟁의 참상은 이미 치유된 지 오래다. 엘베강의 유람선은 언제나 관광객들로 붐빈다.

여러 가지 이유로 마음의 상처를 입은 사람들에게 드레스덴 여행을 권한다. 드레스덴은 큰 상처를 입었지만 다시 힘차게 일어섰다. 사람들은 드레스덴을 독일의 피렌체라 부른다. 하지만 이 말이 더 어울릴 것 같다. 드레스덴은 '독일의 매화梅花' 다. 매화 중에서도 설중매雪中梅다. 전쟁의 비극을 극복한 드레스덴의 모습은 혹독한 겨울에도 꽃이 피는 설중매와 많이 닮았기 때문이다.

5

# 황제의 무한권력과 삼천 년 고도의 영광

시안

인간이 차지하고 누릴 수 있는 권력의 한계는 어디까지일까. 동물의 권력은 먹이를 많이 차지하거나 짝짓기에서 우위를 선점하는 수준으로 마무리된다. 힘겨루기에서 승리한 동물의 우두머리는 새로운 강자가 나타나면 다시 싸워야 하고 싸움에서 지게 되면 우두머리가 누릴 수 있었던 순서의 행복을 내려놓고 서식지의 변방으로 퇴장한다. 무리에서 최강자가 되려면 싸움에서 계속 이겨야 한다. 지극히 단순하고 명료하다. 힘겨루기에서 패한다고 해서 잔인하게 보복을 당하거나 비참하게 죽임을 당하지도 않는다. 격렬하게 싸우다 깊은 상처를 입고 죽을 수도 있겠지만 싸움이 끝나고 나면 생명을 유지할 수 있다. 싸움에서 진 개체는 우두머리보다 조금 늦게 덜 먹으면 된다.

인간의 권력 투쟁은 어떠한가. 패자의 일족을 모두 노예로 삼아 조롱하거나, 다시는 저항하지 못하게 불구로 만들어 버리거나, 극형을 내려 죽이기도 한다. 나아가 얻은 권력의 영속성을 과시하기 위해 사후의 세계까지도 걱정하며 준비한다. 생존하는 동안 권력의 최대치를 향유하고, 죽어서도 자신의 권력을 우상화해서 보존하려고 하는 것이다. 인간은 육체적으로는 연약한 동물에 불과하지만 사악한 지능으로 권력을 무시무시한 괴물로 변형시켰다. 인간의 권력은 괴물이 되어 인간을 괴롭히는 수단으로 전락했다.

역사상 처음으로 중국대륙을 통일한 진시황은 약 70만 명을 동원하여 아방궁을 건설했고 북방민족의 침입을 막으려 만리장성을 축조했다. 그리고 여러 지역으로 사람들을 보내 불로초를 찾게 했다. '불멸의 권력'을 위한 그의 노력은 끝이 없었다. 진시황은 병마용마저 만들게 했다. 죽어서도 그를 호위하는 사람과 말을 원했던 것이다. 내세조차 현세의 권력으로 주무를 수 있다고 착각을 했던 것일까.

군사력의 쇠퇴로 진나라가 몰락하는 것을 두려워한 진시황은 병사의 순사殉死를 원하지 않았다. 순사를 대체하는 방법으로 한 개의 무게가 300킬로그램에 달하는 흙 인형을 만들어 무덤에 묻었다. 아직도 발굴이 한창인데 현재까지 약 8천 개가 발굴되었다고 하니 그 규모를 짐작하기 어렵다.

사후세계를 안내하는 역할을 맡은 후궁들과 신하들은 생매장을 피할 수 없었다. 끝이 없어 보였던 진시황의 권력은 그가 50세의 나이에 객사하면서 허무하게 끝났다. 무한권력을 휘둘렀던 그도 죽음 앞에서는 작은 인간에 불과했다. 병마용을 보기 위해 3천 년 역사의 고도 시안에 도착했다.

시안은 진, 한, 수, 당 왕조의 수도로 옛 이름은 장안長安이었다. 장안이라는 말은 한 나라의 수도를 뜻하는데, '장안의 화제다'라는 표현을 쓸 때의 바로 그 '장안'이다. 토황소격문討黃巢檄文● 으로 유명한 신라의 최치원이 문필가로 이름을 날린 곳도 시안이었다. 시안이야말로 요즈음 우리가 말하는 '글로벌 시티'였다.

산시성의 역사를 일목요연하게 모아놓은 산시 역사 박물관, 실크로드의 시발점으로 불리는 청비城壁, 현장법사가 645년 인도에서 가져온 산스크리트어 경전을 번역하고 보관했다는 따옌타大雁塔, 시안의 밤을 현란한 색깔로 밝히는 중러우鐘樓 등 볼 곳이 너무 많아서 며칠을 투자하여 돌아다녔다. 어리석은 인간이 만든 무용한 권력, 작디작은 인간 권력의 단면을 산시성의 고도古都 시안에서 갈기갈기 쪼갰다.

● 신라 헌강왕 때 최치원이 중국 당나라에서 벼슬하며 지은 격문으로 농민 봉기 '황소(黃巢)의 난'의 지도자 황소에게 항복을 권유하기 위해 지었다. 황소가 이 격문을 보고 간담이 서늘해져 저도 모르게 침상에서 내려앉았다는 일화가 전해질 만큼 뛰어난 명문으로 평가받는다.

6

# 두 대륙의 문화가 어우러지는 땅끝

이스탄불

지리적으로 아시아와 유럽을 나누는 보스포루스 해협이 저기 보인다. 가장 좁은 부분이 750미터에 불과한 이 해협으로 두 대륙은 분단되고 서로의 반대편을 '땅끝'이라 부른다. 수영 좀 한다는 사람들은 맘먹고 횡단할 수 있는 거리로 동양과 서양의 지리적인 경계가 그어지는 것이다. 서울 한강의 평균 강폭이 대략 1킬로미터라는 것을 알고 나면 이 좁은 바다가 대륙과, 나아가 문화의 경계선이 된다는 사실에 몽롱한 기분마저 든다.

기분에 취하여, 아시아의 끝에서 유럽의 웅장함을 느끼고 유럽의 끝에서 아시아의 신비함을 느낄 수 있는 도시 이스탄불, 이런 미사여구를 생각해낼 수도 있겠지만, 웅장함, 신비함 이런 말들은 고정관념에 불과하다. 유럽이 웅장하다는 생각과 아시아가 신비하다는 생각은 마치 『맨더빌 여행기』에 나오는 과장되고 허황한 묘사와 비슷한 것 같다. 에게해와 흑해의 통로인 보스포루스 해협 앞에서 동양과 서양의 차이는 그 의미를 상실한다.

제국의 흥망성쇠는 이 고도古都의 이름마저 바꾸어 버렸다. 비잔티움이라고도 불렸고, 콘스탄티노플이라는 이름으로도 명명되었다. 세계 역사의 험로 속에서 정치, 경제, 문화의 중심지였던 이스탄불은 그 명성에 걸맞게 웅대한 건축물을 보유하고 있다. 구시가의 성 소피아 성당은 비잔틴시대 최대의 명품이었다. 1626년 로마에 성 베드로 성당이 세워지기 전까지 무려 천년 가까이 세상에서 가장 크고 화려했다. 이것만으로도 이스탄불이 가진 도시로서의 위상을 짐작할 수 있다.

또 다른 명품은 성당을 마주보고 있는 블루 모스크Blue Mosque인데 정식 명칭은 술탄 아흐메트 모스크Sultan Ahmet Mosque다. 수 만장의 타일로 장식된 내벽은 성스럽고 화려한 이슬람 축제를 보는 듯하다. 건축 당시, 타일을 하나씩 붙여나갔던 사람들을 생각하면 그 정성에 저절로 경건해진다. 두 건축물의 조화미는 역사상 처참했던 종교전쟁의 아픔마저 치유하는 묘약처럼 보였다. 파란색이 감도는 회교사원 앞에서 종교적 반목과 문화 충돌에 대한 생각은 잠시 접어 두기로 했다.

길을 걷다 마주치는 이스탄불 사람들의 표정은 여유 그 자체다. 걸음걸이도 느리고, 노천카페에 앉아 고즈넉하게 차를 마시는 모습이 좋았다. 한국에서 왔다고 하면 '우리는 형제'라고 반가워하며 악수를 청하는 친절함도 인상적이었다. 그런 걸 상술로 이용하는 사람도 간혹 있었지만. 조급함을 전혀 찾아볼 수 없는 사람들로 인해 나 또한 느긋하게 걸을 수 있었다. 전 세계를 호령하던 제국의 풍모를 길거리 사람들의 표정에서 느낄 수 있는 도시가 이스탄불임을 부정할 수 없었다.

휴브리스Hubris, 예전에 이룬 성공에 대한 자만심을 뜻한다. 지나친 자신감은 일을 망친다. 도시 이스탄불은 과거의 영화榮華에 대한 휴브리스를 가졌던가. 답은 아직 찾지 못했다. 과거에 거둔 성공이 오히려 현재 하는 일에 걸림돌이 된다고 생각하는 사람들에게 이스탄불 여행을 권한다. 동양과 서양이 맞닿는 지점에서 성공과 실패의 차이는 좁은 보스포루스 해협 같다고 느낄 것이다. 끝과 시작은 사실 같은 것이다.

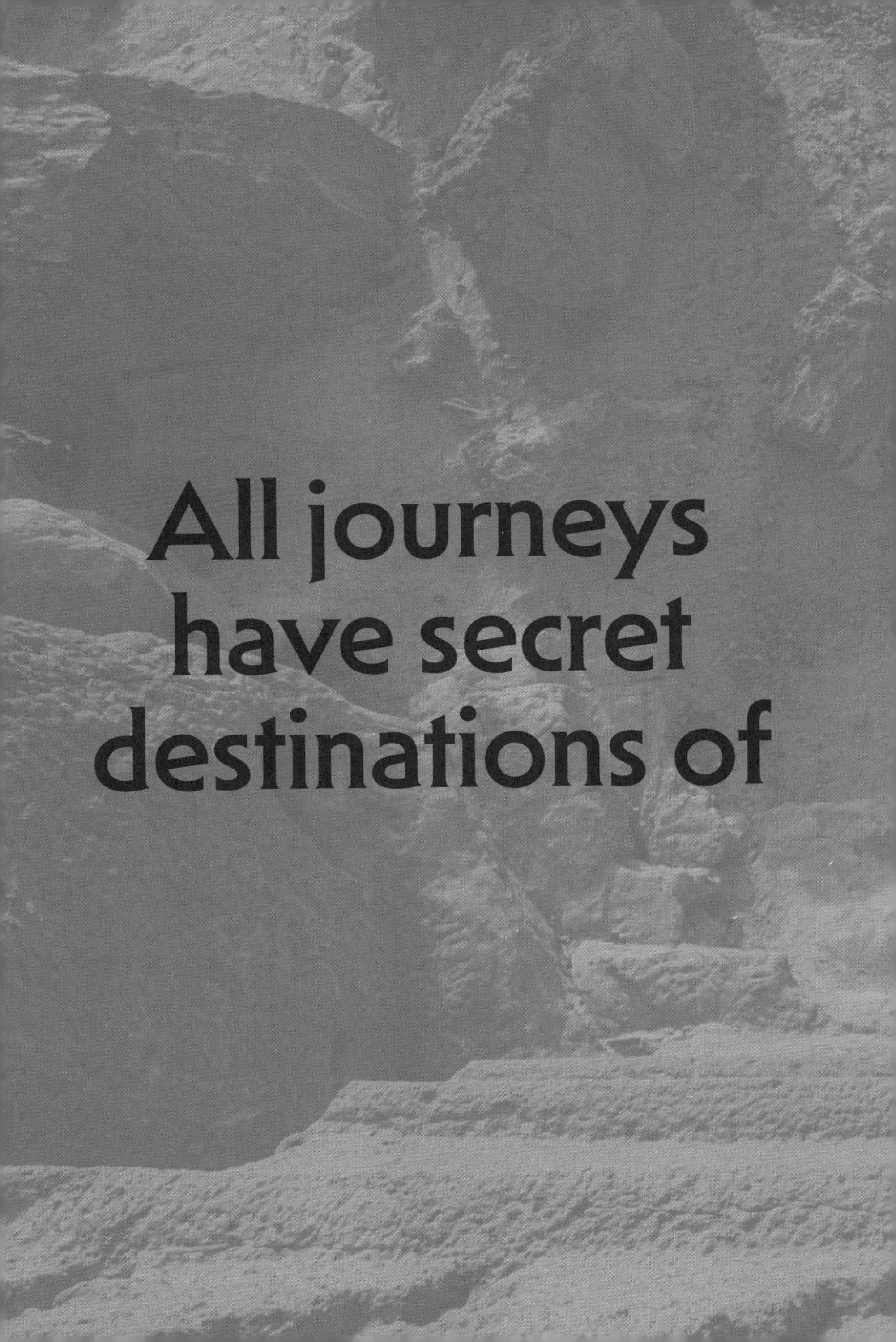

All journeys
have secret
destinations of

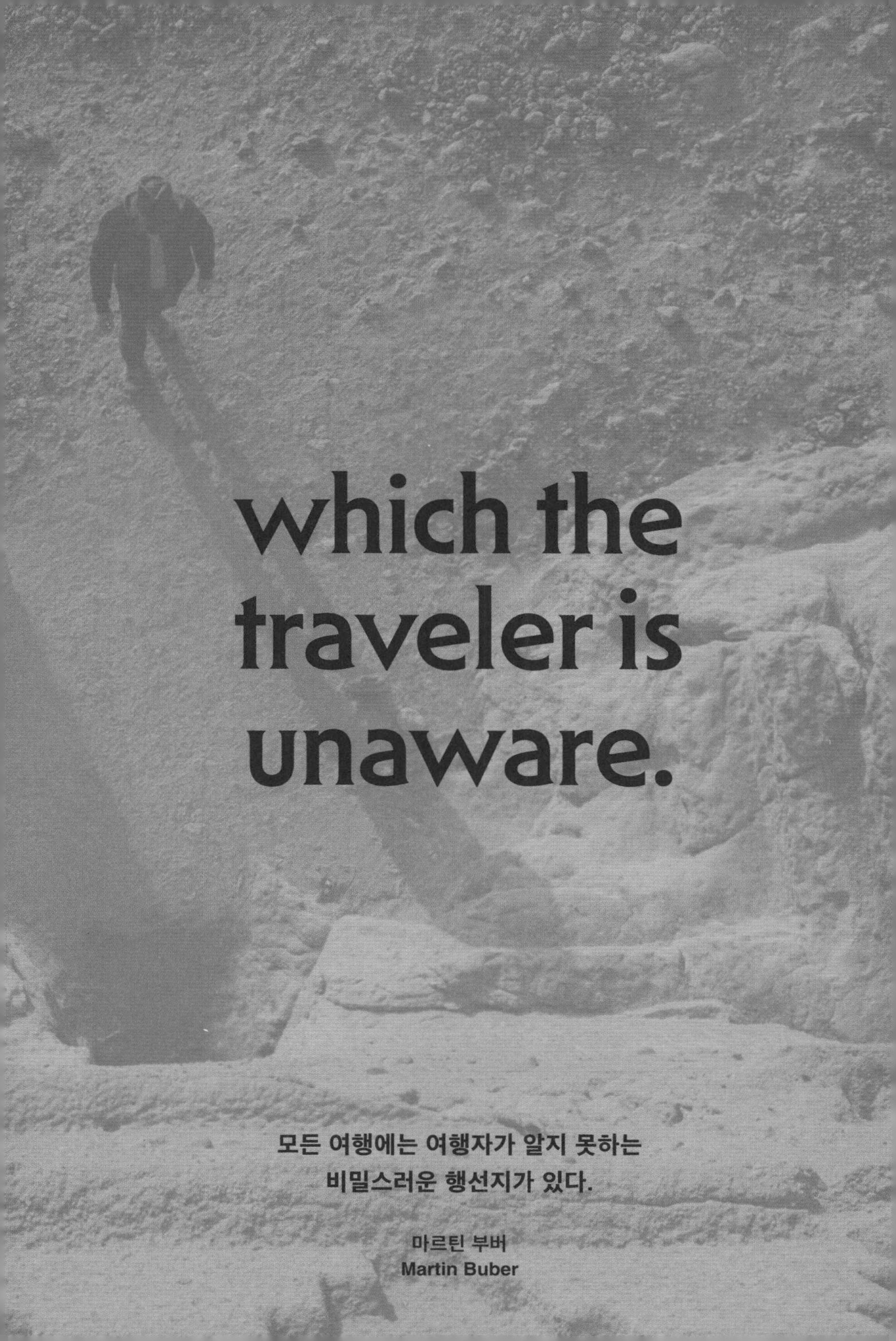

which the traveler is unaware.

모든 여행에는 여행자가 알지 못하는
비밀스러운 행선지가 있다.

마르틴 부버
Martin Buber

# 3

## 영웅의 탄생

# Naissance of Hero

Trier, Germany

Warsaw, Poland

Cairo, Egypt

Lisbon, Portugal

Ho Chi Minh City, Vietnam

Barcelona, Spain

1

# 공정한 분배를 꿈꾼 사상가의 고향

트리어

한국에서 1980년대 말까지 『자본론』은 금서였다. 자본론을 읽으면 공산주의자가 되는 것처럼 호들갑을 떨었고, 인쇄와 출판은 엄격히 금지되었다. 군사정권 하에서의 교육은 모든 것을 이분법으로 나누어 사상을 통제하는 방식을 취하였다. 예컨대, 자본주의의 적은 공산주의라는 식으로 가르쳤다. 그런 암울한 시절을 겪다 보니 아직도 자본주의의 반대말을 공산주의나 사회주의로 답하는 사람들이 참 많다. 그러나 자본주의를 망치는 것은 사회주의도 공산주의도 아닌 타락한 자본주의임을 사회생활을 하며 깨닫게 되었다. 승자독식이 진리가 되는 사회야말로 반자본주의적 사회다.

꽤 오래전에 영국의 공영방송 BBC는 지난 천년 인류에게 가장 큰 영향을 끼친 책과 사상가로 『자본론』과 카를 마르크스Karl Marx를 선정하였다. 인류에게 가장 큰 영향을 끼친 책과 사상가가 적어도 한국에서는 국민의 정서를 오염시키는 '나쁜 책'과 '빨갱이'로 매도되었다.

마르크스는 1818년 독일의 트리어에서 태어났다. 갈리아제국의 수도였던 트리어는 독일에서 가장 오래된 도시로 평가받는다. 개인적으로 찬란했던 고대도시 트리어보다는 사상가의 고향인 트리어가 더 매력적이었다. 도시 곳곳에 로마시대의 유적이 흩어져 있다. 트리어 대성당Trierer Dom이나 도시의 관문이었던 포르타 니그라Porta Nigra 등 역사적인 건축물이 넘쳐나지만 내가 가장 관심이 있는 장소는 모젤강Mosel River 근처에 있는 마르크스의 생가였다. 아쉽게도 『자본론』의 원본은 그의 생가에 없고, 네덜란드 암스테르담의 '국제사회사연구소IISH●'에 있다.

유대인이었던 마르크스는 가업을 이어 변호사가 되려고도 했었지만, 산업혁명기의 영국 노동자들의 처참한 삶을 목도하고 자본주의 체제에 대해 연구하기 시작했다. 독일에서 태어난 그였지만 주로 활동한 나라는 프랑스였고, 저술 활동을 하며 생을 마감한 곳은 영국이었다. 영국 사회가 적나라하게 보여준 자본주의의 부작용은 그로 하여금 능력껏 일하고 일한 만큼 공정하게 분배받는 사회를 염원하게 했다. 마르크스는 입을 옷이 없어서 겨울엔 밖으로 나가지 못했고, 『자본론』의 원고를 출판사로 보낼 우편료가 없을 정도로 궁핍했다. 그는 1867년 『자본론』 총 세 권

중 한 권만 출간하고 1883년 런던에서 사망했다. 나머지 두 권은 친구이자 후원자였던 프리드리히 엥겔스Friedrich Engels가 남겨진 원고를 정리하여 1885년과 1894년에 출간하였다.

2018년 중국 정부는 마르크스 탄생 2백 주년을 기념하여 높이가 5.5미터에 달하는 그의 청동상을 트리어시에 기증했다. 동상은 곧바로 사회적 논쟁을 불러일으켰고, 얼마 지나지 않아 동상에 방화하는 사건이 벌어졌다. 모든 것을 합리적인 방법으로 해결할 것 같은 독일 사회에서도 이런 과격한 일이 벌어지는 것을 보면 '이념'이라 번역되는 '이데올로기'는 합리성을 마비시키는 마약과 같은 존재가 될 수 있음을 절감한다.

작은 도시라서 하루를 묵지 않아도 좋다. 프랑스나 벨기에로 넘어가기 전 사상가의 생가에 잠시 머물러도 좋다. 각자 가지고 있는 이념과는 아무런 상관이 없다. 그저 공정을 외쳤던 사상가 마르크스를 만나보는 것으로 족하다.

● 사회주의에 대한 문헌자료관. 네덜란드어 명칭은 Internationaal Instituut voor Sociale Geschiedenis이다. 주로 영어 약칭인 IISH로 표기된다.

2

# 쇼팽의 마주르카가 만들어내는 민족혼

바르샤바

이 세상 모든 피아니스트의 우상이 이곳에 잠들어 있다. 정확히 말하면 그의 심장만이 옮겨져 있다. 심장은 파격적인 선율로 피아노를 연주했던 몸의 나머지 부분을 기다리고 있다. 심장의 주인공은 프레데리크 쇼팽Frédéric Chopin. 그는 무엇과도 바꿀 수 없는 바르샤바의 수호신이며 폴란드인을 불타오르게 하는 정신적인 지주다. 처절하게 파괴되었던 바르샤바는 그의 심장 박동 소리가 홀로 만들어내는 마주르카의 선율 속에 있다. 쇼팽의 심장은 수천만 마력의 엔진이며 이 도시 전체를 이끄는 에너지의 원천이다.

제2차 세계대전은 도시의 85퍼센트를 파괴했다. 죽은 자는 말이 없었고 살아남은 자는 비통한 눈물만 흘렸다. 폐허 속에서 신음하는 사람들에게 희망의 불씨를 살려준 것은 쇼팽의 마주르카였다.

2000년대 초반, 바르샤바를 여행할 때, 도시 곳곳에 서려 있는 우울한 기운 탓에 유럽의 분위기를 느끼지 못했다. 유럽의 낭만과 여유는 이곳에 없었다. 사람들의 굳은 표정과 구부정한 등은 나에게도 전이되는 듯했다. 몸은 바르샤바에 있었으나, 머리는 입시교재에나 등장할 법한 '바르샤바 조약기구[●]'를 생각하고 있었다.

악명 높은 소련의 독재자 스탈린이 1955년에 착공하여 폴란드인에게 선물했다는 37층 짜리 문화과학궁전[●●]만이 바르샤바의 스카이라인을 지배할 뿐 아무것도 바르샤바는 내게 그럴듯한 잔상을 만들어내지 못했다. 고압적으로 생긴 이 건물이 쇼팽의 도시를 압도하는 것 같아 마음이 편하지 않았다. 공산주의의 우월성을 강조하고자 웅장하게 지어진 구시대의 유물이 사악하게 미소 지으며 정치적 메시지를 보내는 듯했다. 광화문 뒤에 세워져 오랫동안 조선왕조의 궁궐 위에 검은 그림자를 드리웠던 일제의 총독부 건물이 연상되었다. 한국은 이미 총독부 건물을 해체했지만 폴란드는 보존을 선택했다.

적당한 식당을 찾아 골목을 배회하다 지동설을 주장했던 코페르니쿠스 동상 앞에 다다랐다. 코페르니쿠스가 폴란드 사람이었다는 걸 아직 모르고 있었다니. 민망하고 창피했다. 코페르니쿠스는 말했다. "지구는 태양 주위를 도는 별에 지나지 않는다." 16세기 그의 지동설은 엄청난 논쟁을 불러일으켜 종교의 비과학적인 지배에 경종을 울렸다. 그의 동상이 나에게 말하는 것 같았다. “당신의 부정적인 감정과 짧은 지식으로 도시를 재단하지 말지어다.”

도시 전체를 지배하는 마주르카의 선율은 폴란드 사람들의 민족혼을 불러일으킨다. 쇼팽의 심장이 안장된 ‘성십자가 교회’에서 온갖 시련을 극복한 폴란드인의 기백과 함성이 느껴졌다. 쇼팽의 음악은 침범과 탄압을 일삼았던 주변 강대국들에게 전하는 무언의 항거였다.

칠전팔기의 도전정신을 배우고 싶은 사람들에게 바르샤바 여행을 권한다. 파괴되어도 다시 복원하는 힘, 민족의 고유성에 대한 찬미, 그리고 위대한 음악가의 민족혼을 바르샤바에서 찾을 수 있을 것이다. 바르샤바에 감도는 피아노의 선율을 다시 음미한다.

● 서유럽의 NATO에 대응하기 위해 1955년 소련과 동유럽 8개국이 폴란드의 바르샤바에서 결성한 군사동맹

●● 암울했던 사회주의시대를 상징하는 건축물로, 폴란드인이 싫어하는 장소이기도 하다.

3

# 고대문명의 영예와 투쟁가의 혼

카이로

한평생을 투쟁가로 살다간 야세르 아라파트Yasser Arafat 팔레스타인 해방 기구PLO 의장은 카이로대학교 출신이다. 2004년에 사망한 그는 예루살렘에서 태어났지만 카이로에 묻히기를 원했다.

이스라엘의 에일라트Eilat에서 시나이반도를 거쳐 이집트의 카이로에 도착했다. 한국근현대사에 빠지지 않고 등장하는 바로 그 도시 카이로다. 1943년 카이로에서 미국, 영국, 중국의 정상이 모여 회담했다. '카이로 회담'이라 부르는 이 역사적인 회동을 통해 한국은 국제적으로 독립을 보장받았다. 헤이그, 포츠담, 모스크바 등 한국의 독립과 관련된 해외도시를 여행할 때면 '도장 깨기'를 하는 기분이 든다. 혼자 "바로 그 도시가 이 도시다."라고 홍얼대며 자축한다.

아프리카대륙에서 가장 크고 오래된 도시 카이로의 아랍식 이름은 '알카히라Al Qahirah'다. 카히라는 승리를 뜻하는 아랍어다. 이집트의 카이로는 지리적으로 아프리카대륙에 있는 건 맞지만 역시 아랍국가일 뿐이다. 내가 기대했던 아프리카의 원초적인 흙냄새를 맡을 수는 없었다. 카이로에 오기 전엔 아프리카에는 흑인만 사는 줄 알았는데 이집트를 비롯하여 모로코, 알제리, 튀니지, 리비아 등 북아프리카 사람들은 백인종으로 분류된다. 여행은 언제나 새로운 인사이트를 열어준다. 오류는 수정되고 새롭게 저장되어 지식으로 쌓여 다른 사람에게 전파된다. 여행자만이 얻을 수 있는 살아 있는 공부를 한다.

카이로는 아라파트 의장이 게릴라 조직을 만들고 팔레스타인 국가건설을 위해 투쟁을 시작했던 도시다. 부유한 상인의 아들이었던 그는 테러리스트를 사주하는 사람으로 변해갔다. 그는 1994년 이스라엘 정치인 시몬 페레스Shimon Peres, 이츠하크 라빈Yitzhak Rabin과 더불어 노벨평화상을 공동수상했지만 죽을 때까지 이스라엘의 적으로 남았다. 무엇이 그를 투쟁가로 만들어 버렸을까. 이런 질문에 답을 찾는 것이 고고학 박물관에 있는 투탕카멘의 가면을 보는 것보다 중요했다. 튀니지에서 시작된 '재스민 혁명●'은 카이로의 타흐리르 광장Tahrir Square으로 옮겨붙어 활활 타오르며 독재자 호스니 무바라크Hosni Mubarak를 권좌에서 끌어내렸다. 그가 살아서 이런 모습을 본다면 어떤 평가를 내릴지 궁금해졌다.

이집트의 담배 이름이 된 '클레오파트라'와 신과 동격이었던 파라오의 영예는 모두 박물관으로 들어가 버렸다. 여행객이 상상하는 고대 이집트문명과 이슬람국가 현대 이집트 사이에는 커다란 간극이 있다. 그렇다고 해서 이집트에 이슬람교만 있는 것은 아니다. 카이로는 자체적으로 교황을 보유하고 있는 콥트Copt기독교의 본산이다. 이집트 인구의 10퍼센트가 콥트교 신자라는 사실만으로도 나의 짧은 지식은 겸손함의 그늘 밑에 숨는다.

뒤편에서 서민의 음식 '코샤리Koshary'를 주문하는 사람들, 빠른 속도로 달려오는 자동차 앞을 "이집트 사람처럼 걸어Walk like Egyptians"라고 말하며 아무런 망설임도 없이 차도를 건너는 사람들, 팁을 뜻하는 '바쿠시시'를 외치며 달라붙는 거리의 아이들, 뭐 하나 제대로 정돈된 것이 없어 보였다.

태양과 물이 빚은 고대문명의 태동과 번영, 한없이 쌓아 올렸던 통치자의 권력, 처절했던 투쟁가의 고뇌가 카이로에 있다. 승리의 도시 알카히라에서 인간이 쟁취하려고 했던 승리의 의미를 생각했다. 문명과 시대가 전환되는 과정에서 승리는 어떤 의미를 가지는 걸까.

● 2010년 튀니지에서 발생한 민주화 혁명. 튀니지의 나라꽃인 재스민에 빗대 재스민 혁명으로 불린다.

4

# 대항해시대를 개막한 바스쿠 다 가마의 힘찬 도전

리스본

크리스티아누 호나우두가 볼을 몰고 상대방 골문을 향해 무서운 속도로 돌진한다. 그리고는 강력한 슈팅을 날려 결승 골을 만들어낸다. 그는 포효하고 관중들은 모두 일어나 겅중겅중 춤을 추며 열광한다. 이런 모습은 마치 15세기 대항해시대를 열고 승승장구하는 포르투갈의 이미지와 무척이나 닮았다. 대항해시대의 영광은 이미 사라진 지 오래되었지만 포르투갈의 수도 리스본에는 아직도 한 시대를 풍미했던 번영의 발자국이 서려 있다.

대항해시대의 막을 열기 이전, 포르투갈은 침체되고 우울했다. 이베리아반도 서쪽 끝에 붙은 작은 나라는 오랜 기간 로마의 지배를 받았고, 그 이후 몰려들어 온 이슬람 세력의 손아귀에서 신음했다. 대서양을 바로 눈앞에 두었건만 바다로 나갈 생각은 엄두도 내지 못했다. 반도에 사는 사람들에게는 무언가 새로운 돌파구가 필요했고, 포르투갈 역사상 최고의 영웅이 나타나 비로소 찬란한 바닷길을 열어주었다. 바스쿠 다 가마Vasco Da Gama, 영웅의 이름이다. 그는 15세기에 이르러 유럽 변방의 약소국을 세계 최대의 해상강국 포르투갈로 재탄생시킨 최고의 항해사이자 지도자였다. 3차 항해를 떠나 인도에서 숨을 거둔 그의 시신은 리스본으로 옮겨져 제로니모 수도원에 안장되었다. 그는 살아서 리스본을 떠났고 죽어서 리스본으로 돌아왔다. 리스본은 위대한 항해사의 출발지였고, 영웅의 마지막 행선지였다.

리스본에는 긴 다리가 있다. '바스쿠 다 가마'로 명명된 17.2킬로미터 길이의 사장교斜張橋는 포르투갈 국민의 그에 대한 존경을 상징한다. 다리는 그가 개척한 신대륙으로의 힘찬 여정을 암시하는 리스본의 소품이다.

리스본은 잘 숙성된 와인의 맛이 나는 것 같다. 오래 입어 너덜거리는 옷이 아닌 오래 입을 수록 멋이 살아나는 빈티지 청바지나 길이 잘 든 가죽옷과도 같다. 코메르시우 광장Pracado Comercio 주변 길바닥에 꾲힌 파도 모양의 타일 하나하나가 예사롭게 보이지 않는다. 노천카페와 식당들로 낭만적인 분위기를 자아내는 아우구스타 거리Rua Augusta, 건물 자체가 하나의 문화재인 로시우 기차역, 그리고 이곳이 남방임을 일깨워주는 야자

수까지 모든 것이 고풍스럽고 아름답다. 이런 분위기에서 가장 포르투갈다운 음식이라는 '바깔라우Bacalhau'를 맛본다.

리스본 근교에 있는 카스카이스Cascais 해변●은 사진가들의 성지다. 수평선 위로 보이는 뭉게구름이 마치 항해사의 수염처럼 보인다. 바람에 휘날리는 항해사의 수염은 어느덧 석양을 머금은 채 사라진다. 열등감에 사로잡혀 큰일을 못할 것 같은 사람들에게 리스본 여행을 권한다. 시작은 미미했지만 엄청난 성공을 만들어낸 지도자의 도전 정신이 도시 곳곳에 숨어 있음을 알게 될 것이다. 열등감은 이 도시 리스본에서는 설 자리가 없다. 리스본은 도전과 성공의 선명한 발자취니까.

● 리스본 서쪽으로 약 28km 떨어진 휴양도시. 13세기까지는 작은 어촌 마을이었지만 군사적 요충지가 되면서 왕가의 성채가 건설되기 시작했다. 현재는 리스본 여행의 핵심 관광 포인트가 되었다.

5

# 외세를 물리친 위대한 국부의 이름

호치민

베트남은 미국을 전쟁에서 이긴 유일무이한 나라다. 미국은 아직도 패배를 인정하지 않고 있지만 1960년부터 1975년까지 15년간이나 계속되었던 베트남전에서 미국이 이겼다고 생각하는 사람들은 아무도 없을 것이다. 미국은 고엽제까지 뿌리며 베트남의 국토를 오염시켰지만 승리를 쟁취한 나라는 베트남이었다. 전쟁이 끝나고 베트남이 미국에 책임을 묻지 않는 이유는 베트남이 승전국이기 때문이라고 혹자는 말한다. 어느 정도 설득력이 있는 말이라고 생각한다. 승전국은 피해보상을 말하지 않는다. 승리했기 때문이다. 패전국만이 피해에 대해 계산하고 청구할 뿐이다.

어떤 민족이든 국가를 위기에서 구해내고 외세의 침략을 막은 사람을 국부國父로 추앙하고, 자신의 영달을 위해 동족을 배반한 사람을 매국노라고 멸시한다. 베트남에서 남녀노소와 사회적 계층을 초월하여 무한한 존경을 받는 진정한 국부, 그의 이름은 호치민胡志明이다. 평생을 독신으로 살았으며 검소한 삶을 고집했던 그의 생전 유언은 "나를 우상화하지 말라."였다. 그러나 호치민의 유언은 이행되지 않았을 뿐만 아니라 그의 시신은 방부 처리되어 하노이에 보존되어 있다. 베트남 국민들은 프랑스 식민지 시절에 붙여진 사이공이라는 이름을 내리고 도시의 이름을 '호치민Ho Chi Minh'이라고 부르는 것에 주저하지 않았다.

도시로서의 호치민을 '동양의 파리'라고 부르는 사람들이 많은데, 그 이유가 프랑스인을 위한 교회와 편의 시설이 많기 때문이라고 한다. 참 무미건조한 이유다. 침략자로서의 프랑스가 인도차이나반도에서 저지른 악행마저 용서한 듯싶다. 적으로서 베트남전을 치른 한국도 미국도 이제는 베트남의 친구가 되었다. 역사의 진행 방향은 알다가도 모르겠다.

한 나라의 실물경제를 쉽게 들여다볼 수 있는 곳으로 시장만 한 데가 없다. 벤탄 시장Ben Thanh Market은 깔끔하게 정리된 종합시장으로 음식, 의류, 공예품 가게가 많아서 외국인도 즐겨 찾는 명소다. 짝퉁 제품만 전문적으로 파는 상점의 호객행위도 여행자의 관점으로는 꽤 재미있다. 다양한 국적의 관광객들이 많이 가다 보니 국가별로 손님의 성향을 파악하고 있는 듯했다. 시장상인이 부르는 가격의 십 분의 일로 흥정을 시작하라는 가이드북의 구태의연한 설명이 얼마나 부질없는가를 알아채는 데는 채 5분도 걸리지 않았다. 나의 파격적인 구매 오퍼를 무표정으로 깔아 뭉개버리는 점원들은 값을 깎아주기는커녕 안 판다고 호통을 친다. 협상을 시작하기도 전에 무참히 패배를 맛본다. 미국까지 이겼는데 하물며 한국에서 온 나 하나 정도야.

도시로서의 호치민은 2~3일이면 거의 다 돌아볼 수가 있다. 그러나 외세를 물리친 위대한 영웅 호치민을 알기 위해서는 많은 시간이 걸린다. 국가의 정체政體나 이념으로는 한 사람을 좋게도 나쁘게도 평가할 수 있지만, '위대한'이라는 수식어는 함부로 붙이지 않는다. 역사의 변곡점에서 무엇이 옳았으며, 무엇이 실수였으며, 무엇이 정당했느냐는 개인적 판단의 대상이 아니다. 역사 스스로 판단하고 기록할 것이다. 아시아의 근대사에 관심이 있는 사람에게 호치민 여행을 권한다. 호치민에서 호치민을 다시 바라볼 수 있기 때문이다.

6

# 천재의 건축이 태양을 삼키는 도시

바르셀로나

스페인 안의 다른 스페인 바르셀로나, 에스파냐 안에 있는 에스파냐가 아닌 바르셀로나. 무엇이 더 적절할지는 모르겠지만 바르셀로나를 그럴듯하게 묘사할 수 있는 문장을 아직 찾지 못했다. 중요한 건 스페인에 올 때마다 바르셀로나에는 꼭 들른다는 것이다. 스페인의 어느 도시에서건 바르셀로나행 비행편이 가장 많아서 그럴 수도 있겠지만 이 도시에는 이 순간에도 조금씩 변해가는 천재의 건축물이 있어서다.

바르셀로나는 카탈루냐 민족주의• 의 성지다. 매일 카탈루냐 광장에서는 분리 독립을 외치는 시위가 벌어지고 있다. 프랑코 독재정권의 압제 속에서도 굳건히 지켜왔던 그들의 언어와 문화가 시위의 원동력이다.

카탈루냐는 1714년 스페인 왕위계승 전쟁에서 패한 이후 카스티야 왕국으로부터 자치권을 박탈당하고 각종 차별에 시달려왔다. 그러나 카탈루냐는 스페인에서 가장 부유한 지역으로 면적으로는 6퍼센트에 불과하지만 전체 인구의 16퍼센트가 살고 있고, 스페인 전체 수출액의 약 25퍼센트를 창출하고 있다. 민족적 감정에만 치우친 것이 아닌 독립을 원할만한 실질적인 명분도 가진 것이다.

FC 바르셀로나와 레알 마드리드의 축구경기인 엘 클라시코El Clasico는 단순한 축구경기가 아니다. 지방분권 자유주의 세력과 중앙집권 보수주의 세력 간의 축구를 통한 대리전이다. 경기가 시작되기 몇 시간 전부터 상대방의 기를 죽이는 응원전이 전개된다. 그러나 바르셀로나에서 나의 관심이 축구에만 있는 건 아니다. 우리말로 '성가족 성당'이라고 불리는 안토니 가우디Antoni Gaudi의 사그라다 파밀리아 대성당Basílica de la Sagrada Familia은 내 스페인 여행의 영원한 주제다.

소아 류머티즘을 앓았던 가우디는 평생을 장애인으로 살았다. 그는 건축은 신의 피조물인 자연을 닮아야 한다고 생각했고, 모든 작품에 자연을 적용하려고 노력했다. 틈나는 대로 인근 도시인 몬세라트에서 자연을 관찰하고 탐구했다. 1882년에 착공한 성가족 성당은 그가 교통사고로 죽기 직전까지 작업했던 미완의 작품이면서 최고의 명작이다. 가우디는 수제자 호셉 마리아 수비라치Josep Maria Subirachs에게 설계도를 넘기고 1926년 사망했다. 그의 시신은 성가족 성당 지하에 안장되었다.

람블라스 거리Las Ramblas를 걸으면 마음이 참 편안해진다. 꽃을 파는 키오스크, 최상급 이베리코 베요타Iberico Bellota 하몽을 파는 가게, 신선한 생과일주스를 마실 수 있는 노천카페가 거리의 분위기를 편안하게 만들어 주기도 하지만, 주된 이유는 이베리아반도에 작렬하는 태양빛을 그대로 흡수하며 천천히 걷는 바르셀로나 사람들 때문이다. 나의 '몸 시계'는 바르셀로나 모드로 전환되었다. 그렇다고 언제나 느긋하게 걷고 있을 수만은 없다. '사행일치思行一致'를 포기해야 할 때도 많다. 여긴 볼 것으로 가득 찬 바르셀로나다. 호안 미로Joan Miro와 파블로 피카소Pablo Picasso, 몬세라트 카바예Montserrat Caballe, 바르셀로나에는 찾아다닐 사람도 참 많다.

가우디의 천재성을 발견하고 후원을 아끼지 않았던 사업가 에우세비 구엘Eusebi Guell이 '돌로 된 바이블' 성가족 성당의 완성을 천국에서 지켜보며 크게 기뻐하는 모습을 상상했다. 완성하지 못한 것에 대한 아쉬움이 있는 사람들에게 바르셀로나 여행을 권한다. 자연에서 배우고, 자연을 스승으로 찬양했던 천재 건축가 가우디의 영혼이 미완으로 남는 것의 미학을 생생히 말해 줄 것이다.

● 카탈루냐 내셔널리즘(Cataluña Nationalism). 스페인과 다른 역사와 문화를 가진 지역으로서의 카탈루냐를 독립시키려는 정치적 신조로서 1830년대부터 본격화되었다.

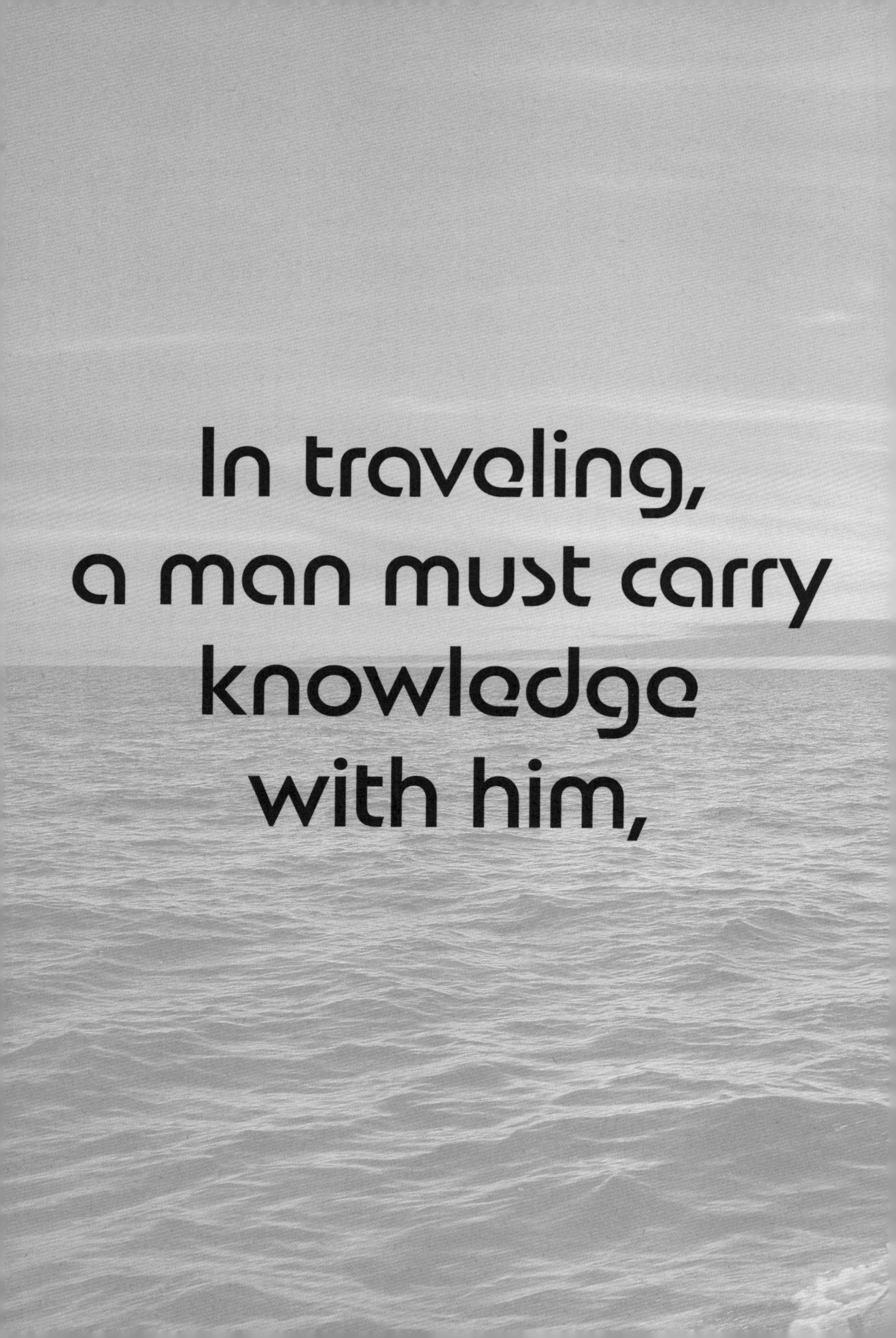

In traveling,
a man must carry
knowledge
with him,

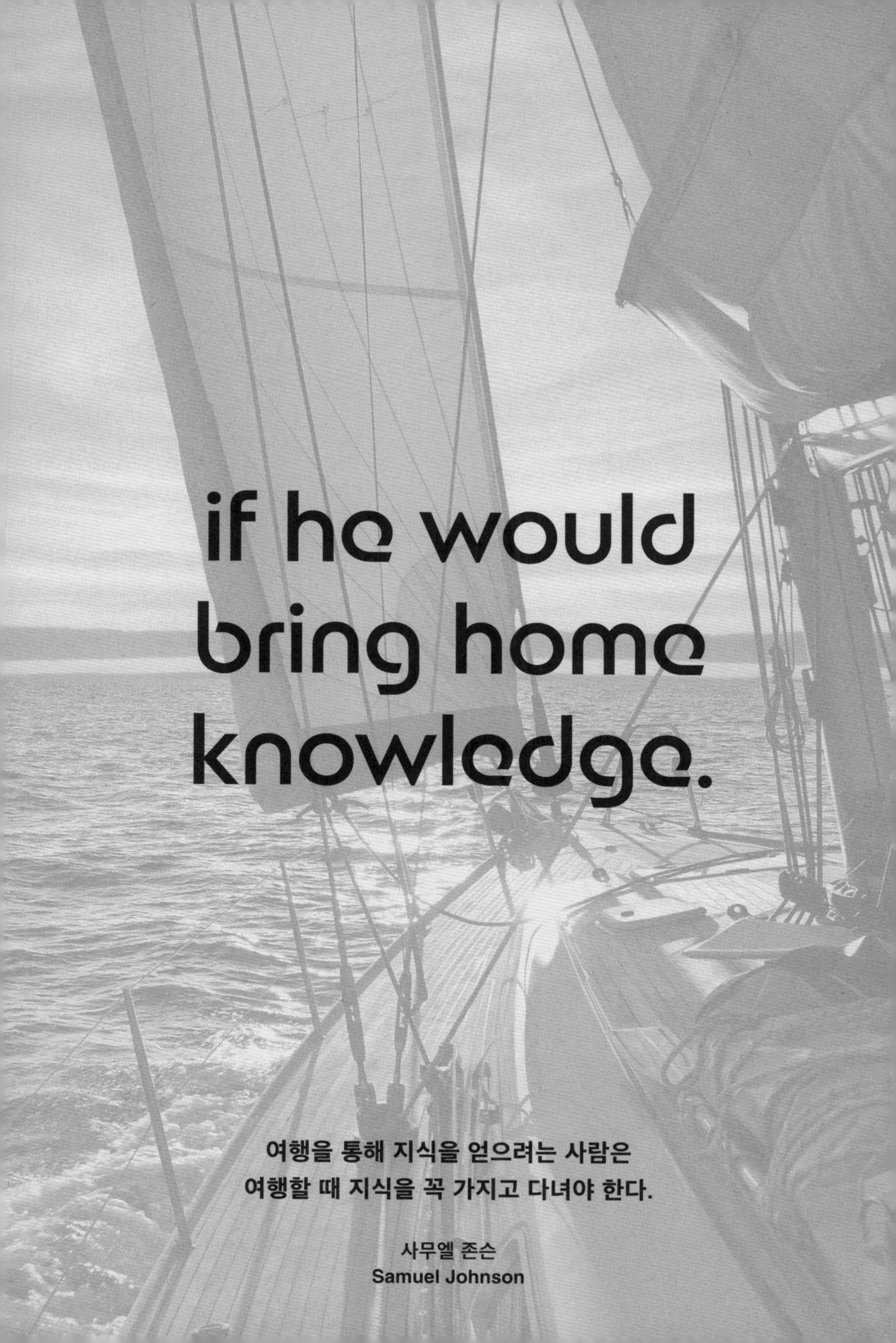

# if he would bring home knowledge.

여행을 통해 지식을 얻으려는 사람은
여행할 때 지식을 꼭 가지고 다녀야 한다.

사무엘 존슨
Samuel Johnson

# 4

## 위대한 자연

# Great Nature

Masai Mara, Kenya

Flåm–Gudvangen, Norway

Reykjavik, Iceland

Halong Bay, Vietnam

Queenstown, New Zealand

Montserrat, Spain

1

# 자연 속에서 울려 퍼지는 메아리

마사이마라

아프리카대륙에 사는 수많은 부족 중에서 마사이족은 용맹하기로 유명하다. 마사이 전사가 창으로 사자 사냥을 하는 모습은 각종 다큐멘터리를 통해 소개된 바 있다. 그들의 움직임은 표범처럼 강인하며 임팔라 영양처럼 우아하고 날렵하다. 겁에 질려 도망가는 사자의 심장에 정확하게 창을 던져 꽂는다. 마사이족은 생존하기 위해 채집과 사냥을 하고 가축의 배설물로 집을 짓는다. 산업화된 국가의 시선으로는 그들의 생활은 미개하고 비위생적이다. 그러나 마사이족은 대자연의 순리에 반하지 않으며, 단지 뿔과 상아만을 얻기 위해 코뿔소와 코끼리를 무자비하게 학살하는 만행도 벌이지 않는다. 자연을 훼손하고 지구의 온도를 상승시키는 주범들은 다 어디에 있는가.

'마사이족이 사는 땅'이라는 뜻의 마사이마라에서 미개와 비위생의 개념을 소환한다. 미세먼지 속에서 온갖 종류의 중금속 물질을 흡입하며 살아가는 도시인들이 소똥으로 지은 집에 사는 마사이족을 비위생적이라고 말할 수 있을까. 편리성이라는 이름의 이기심은 황금알을 낳는 닭의 배를 가르는 것과 같이 어리석다. 아무 생각 없이 매일 사용하는 일회용품이야말로 미개한 것의 원조다.

마사이마라 사파리 투어는 전날 오후와 다음날 새벽으로 나뉘어 진행된다. 일몰과 일출은 어디서든 비슷하지만 '아프리카의' 일몰과 일출은 그 의미가 각별하다. 다른 맹수가 먹다 남긴 고기를 가로채는 하이에나에게 조소를 보내고, 가젤 영양과 물소, 기린과 하마 등 TV에서 보던 동물이 있는 곳. 여긴 울타리 없는 동물의 왕국이다. 물웅덩이 주변에서 사자 한 쌍이 벌이는 짝짓기를 보자 동승한 가이드는 아무 때나 볼 수 없는 진귀한 광경이라며 너스레를 떤다. 마사이마라는 동물과 인간이 공존하는 삶의 터전이다. 공존이란 같이 존재한다는 뜻이지만 그 기준이 인간이 되어서는 안 된다. 마사이마라에서는 인간이 자연의 모습을 변형하려고 하지 않는다.

마사이족 사람들은 사진을 찍자는 요청에 거리낌 없이 포즈를 취해준다. 사진을 찍고 돈을 요구하는 일은 없다. 자신들이 나온 사진을 보며 수줍게 웃는다. 그들은 입으로 말하지는 않았지만 눈으로 메시지를 전

달하는 듯했다. 유난히 크게 보이는 눈으로 "우리는 관광객과 사진을 찍기 위해 마을에서 선발되었고 나머지 부족 구성원들은 모두 일하러 나갔습니다." 이렇게 말하는 것 같았다. 우리에게 익숙한 피그미족, 부시맨족이 외부세계에 알려지면서 그들의 마을이 몰락하거나 변질된 것처럼 마사이족 마을도 관광객들이 재미로 던져주는 문명의 부스러기에 자멸하고 있는 건 아닌지 걱정스러웠다.

태초의 신비감과 원시 자연의 생활방식을 겸허하게 보고 싶은 사람들에게 케냐와 탄자니아에 걸쳐져 있는 마사이마라 여행을 권한다. 산업화가 만들어 준 문명생활의 거만함을 잠시 내려놓고 떠나기 바란다. 자연은 그 자체가 위대한 작품이며 절대로 훼손되어서는 안 된다는 것이 진리임을 깨닫게 될 것이다.

인간은 만물의 영장이라고 배웠다. 그러나 만물의 영장이라고 해서 모든 것을 지배할 수 있다는 것은 아니다. 영장이 조물주로부터 선물로 받은 영묘한 지혜는 자연을 통해 많은 것을 얻으려는 욕심도 품게 했지만 자연에 존재하는 모든 개체에 대한 사랑도 만들어냈다. 마사이마라가 우리에게 전달하는 메시지는 자연에 대한 외경畏敬이었다. 자연의 메시지가 메아리가 되어 퍼지는 곳에서 잠시 겸손함의 의미를 생각했다.

2

# 피오르 투어의 정수

플롬에서
구드방엔까지

노르웨이는 피오르Fjord의 나라다. 많이 알려진 송네Songe 피오르부터 하르당에르Hardanger, 뤼세Lyse, 게이랑에르Geiranger까지 국토의 많은 부분이 피오르 지형이다. 천천히 움직이는 유람선 위에서 기암괴석과 폭포를 보고 있노라면 장자莊子의 호접지몽이 어렴풋이나마 이해가 된다. 내가 피오르인지 피오르가 나인지 물아일체를 경험하게 된다. 내가 자연을 보는 주체가 아니라 자연이 나를 자연의 일부로 너그러이 보고 있다는 느낌에 빠져든다. 노르웨이의 높은 물가가 주는 경제적 스트레스도 피오르를 바라보고 있을 때만큼은 사라진다.

피오르는 보통 협만이라고 번역된다. 협만을 쉽게 풀어서 설명하자면, 빙하의 침식으로 생긴 골짜기에 바닷물이 유입되어 만들어진, 좁고 긴 '내륙의 바다'라고 할 수 있다.

수백만 년 동안 축적된 빙하, 지진에 의한 지형 변화, 햇빛에 의한 해빙, 지면의 침식, 바닷물의 유입. 책으로는 이해가 안 되던 피오르의 생성과정이 보는 것만으로 한 번에 이해가 되었다. 체험하는 것보다 중요한 것은 없다.

2019년 여름, 노르웨이를 찾는 모든 관광객이 이구동성으로 최고라고 극찬하는 송네 피오르를 여행했다. 송네 피오르는 길이만 204킬로미터에 달하고 가장 깊은 곳의 수심은 무려 1,308미터다. 구불구불한 해안선이 특징인 노르웨이의 지도는 마치 큰 치즈 덩어리에 누군가 아무런 생각 없이 마구 칼집을 내놓은 것 같아 보인다. 지도에서 봤을 때 가장 굵고 긴 칼집이 송네 피오르가 있는 지역이다.

송네 피오르를 가장 잘 감상하는 방법은 플롬에서 구드방엔까지 운행되는 페리를 이용하는 것이다. '산간의 작은 평지'라는 뜻의 플롬은 인구가 약 500명밖에 안 되는 작디작은 마을이지만 연간 약 50만 명이 찾아오는 명소다. 관광객을 위한 근사한 호텔도 있고 야영을 즐길 수 있는 시설도 갖추어져 있다. 여름임에도 물이 차가워서 발을 오래 담그고 있는 것도 힘들지만, 동네 젊은이들은 협만으로 다이빙하는 것을 주저하지 않았다. 노란색이 분홍색이 되고 분홍색이 다시 보라색이 되는 일몰은 카메라도 좋지만 우선 눈으로 담아야 제맛이다. 카메라에 집중하다가 미세한

색의 변화를 놓치지 말기 바란다.

플롬에서 구드방엔까지 가는 여정은 피오르 투어의 정수다. 페리에 게양된 노르웨이 국기는 피오르를 상징하는 문양같이 보였다. 선상에서 터지는 관광객들의 탄성은 각기 다른 언어의 음운이었지만, 자연을 경배하는 차원에서는 동일한 언어였다. 종국적으로는 하나의 연원을 가진 인간의 언어를 대자연의 신비를 목도하며 경청했다. 협만과 일몰, 폭포와 만년설, 지금 안 보면 후회할지도 모른다.

# 3

# 땅의 열기를 품은 따스한 항구

## 레이캬비크

얼음이 얼마나 많으면 나라이름 자체가 아이슬란드Iceland일까. 실제로 아이슬란드 전 국토의 약 80퍼센트가 빙하, 용암지대, 호수로 이루어졌으니 참 설득력 있는 이름이다. 얼음 나라에 가는 건 비자도 필요 없고 유럽 대도시에서는 비행편도 꽤 많아서 비교적 가기 쉬운 편이지만, 여정을 짤 때마다 여러 가지 핑계로 언제나 후순위로 밀렸다. 미술관, 페스티벌, 음식, 맥주로 무장한 유럽의 '중심국'은 얼음으로만 채워져 있을 것 같은 변방국에게 자리를 내어주지 않았다.

더 이상 미루다가는 지금까지 그래왔던 것처럼 이 큰 섬나라에 안 갈 가능성이 농후하여, 학기가 끝나기도 훨씬 전에 레이캬비크행 비행기 표를 결제했다. 이런 걸 배수의 진이라고 한다. 레이캬비크는 아이슬란드의 수도이자 최대의 상업도시다.

국토면적이 대한민국과 거의 비슷한 아이슬란드지만 전체 인구는 약 37만 명이다. 그중 약 13만 명이 레이캬비크에 살고 있다. 서울 동작구의 인구가 약 38만 명, 종로구의 인구가 약 14만 명이니 긴 설명을 안 해도 대충 감이 온다. 이런 아이슬란드에 연간 2백만 명의 관광객이 방문한다고 하니 언뜻 계산이 안 된다. 한국인 특유의 암산실력으로 순식간에 계산할 수 있는 건 열 명 중 최소 다섯 명이 아이슬란드 사람이 아니라는 것뿐이다. 아이슬란드는 '관광객에게 친절한 나라 1위'에도 뽑힌 바 있지만 환경 오염 때문에 골머리를 앓는 나라이기도 하다.

스웨덴, 덴마크, 노르웨이 등 스칸디나비아국가를 여행하면서 혹독하게 비싼 물가에 대한 내성이 충분히 생겼다고 자부했는데, 레이캬비크에서 '대단히 혹독한' 물가에 식당에서 밥을 먹을 때마다 계산기를 두드려야 했다. 식당은 고사하고 생맥주 한 잔 곁들이는 길거리 음식도 3만 원 정도였다. 돈 때문에 여행을 포기하고 싶어지는 도시 1위에 레이캬비크를 올렸다. 하루에 두 끼만 먹기로 하고 여행을 하니 마음은 오히려 홀가분해졌다.

레이캬비크 최고의 볼거리는 블루 라군Blue Lagoon ● 이다. 지열로 달구어진 온천수가 화산활동으로 생성된 유황과 합쳐지면서 몽환적인 비취색을 만들어낸다. 비취색은 물속에 있는 미네랄과 미생물이 만들어내는 자연의 심포니다. 사람이 인위적으로 만들려고 해도 만들 수 없는 영롱한 물의 색이다. 『내셔널 지오그래픽』에서 '세계에서 가장 경이로운 자연 25선' 중 한 곳으로 선정한 명소다. 털로 온몸이 덮인 유러피언 사이에서 떳떳하게 물에 몸을 담갔다. 이 순간만큼은 비싼 입장료도 생각나지 않았다.

레이캬비크는 아이슬란드 말로 '연기가 나오는 땅'이라는 뜻이다. 활화산이 만들어내는 지열 때문에 수증기가 땅에서 올라가는 것을 보고 초기 정착민들이 작명하였다고 한다. 그 당시 사람들이 수증기를 연기로 착각한 결과다.

여름엔 백야白夜, 겨울엔 극야極夜, 언제 와도 좋다. 여름엔 땅의 열기를 품은 따스한 항구에 앉아 바다를 바라봐도 좋고 겨울엔 오로라를 배경으로 인생샷을 남길 수 있어 좋으니까. 여행의 목적은 '모든 것이 마음먹기 나름'이다.

● 물속에 함유된 풍부한 미네랄이 미생물과 화학반응을 일으켜 아름다운 파란색을 만들어 내는 지역을 통칭한 말이다. 따라서 블루라군은 아이슬란드 외에도 라오스, 몰타, 몰디브 등에도 있다.

4

# 베트남을 지키는 용의 전설

하롱베이

세계 7대 자연경관으로 선정된 하롱베이는 중국의 구이린桂林市을 바다 위에 옮겨 놓은 듯한 풍광을 자랑한다. 망망대해 위에 펼쳐진 기암괴석들의 자태는 아름다운 노랫소리로 뱃사람들을 유혹하여 배를 난파시켰다는 마녀 사이렌의 전설보다 더 몽환적이다. 사이렌이 소리로 유혹하였다면 이곳 하롱베이의 크고 작은 섬들은 시각으로 사람들을 매혹시킨다. 사람은 극단적인 기쁨이나 아름다움 앞에서 스스로 목숨을 버리는 경우가 있는데, 여기서도 그런 극단적인 일들이 일어날 것만 같은, 알려지지 않았지만 지금까지 많이 벌어졌을 것 같다는, 생뚱맞은 상상을 한다. 석회암지대가 3억 년 이상 진행된 침식 작용과 해수면의 변화에 의해 생겨난 결과물이라는 교과서적 설명은 잠시 자취를 감춘다. 여긴 그저 명화일 뿐이다.

침실이 완비된 배를 타고 1박 2일간 하롱베이를 둘러보는 크루즈선 위에서 각국에서 온 여행객은 이미 서로 친구가 되었다. 잠시 모터를 멈추고 잔잔해진 바다 위에 배가 정박하는 순간, 다이빙 실력을 뽐내며 바다로 떨어지는 사람들은 대부분 미국이나 유럽에서 온 젊은이들이다. 수영에 익숙하지 않은 나는 부러운 시선으로 바라만 볼 뿐 아무것도 할 수가 없다. 머뭇거리는 아시아인들과는 달리 서구인들은 별생각 없이 대담하게 바닷물로 뛰어들었다. 편견은 이런 상황에서 많이 생겨나는 것 같다. 소심한 아시아인, 적극적이고 대범한 서구인, 이런 편견 아닌 편견들이 세계사를 지배하고 있는 것은 아닌지 짧은 순간이었지만 생각은 하롱베이의 섬만큼이나 개수를 늘려나갔다.

베트남은 전통적으로 반중정서가 강한 나라다. 한국을 참 많이 괴롭혔던 중국은 베트남에도 자주 침입하여 군신관계를 요구했다. 하롱베이는 용이 내려옴을 의미하는 '하롱下龍'과 영어의 Bay가 합쳐진 이름인데, 하롱이라는 말에는 중국의 국경과 가까운 이곳에 어울리는 전설이 하나 있다. 하늘에서 용이 내려와 외적의 침입을 막기 위해 여의주를 뿜었고, 이 여의주가 2천 개가 넘는 섬으로 굳어져 지금의 비경을 만들었다는 것이다. 아름다운 자연의 모습을 외적의 침입과 연결 지어 스토리텔링한 것을 보면 참으로 많은 외침이 있던 것만은 사실인 듯하다. 실제로 베트남은 송나라, 원나라, 명나라, 그리고 청나라의 침입을 모두 물리쳤고, 비교적 최근인 1979년 중월전쟁에서도 덩샤오핑의 군대를 패퇴시켰다. 베트남의 수호신 용이 중국을 포함한 외적과의 전쟁을 승리로 이끌어 주었다는 침입을 막는 전설, 뭔가 감동적이면서 그럴듯하다.

정오가 지나면서 시시각각 형태가 변해가는 섬들의 그림자들은 또 다른 그림이 되었다. 그림자들이 점점 넓어지다가 일몰과 더불어 사라지는 모습을 연출했다. 시간의 변화가 만드는 색을 즐기면서 모체에서 분리된 이후의 인간의 성장과 소멸을 상상했다. 짧은 하루와 짧은 인생, 그림자가 '휙' 던져준 선상에서의 사색거리가 긴 여운을 남겼다.

배 안에서 뷔페식으로 저녁을 먹는 와중에도 서양인들은 왁자지껄했다. 하루 종일 바다 위에서 즐기고 떠들었는데도 그들은 무슨 할 말이 그리 많은지 궁금했다. 새벽 시간에 출렁이는 바닷물에 잠이 오지 않아 침실에서 나와 갑판 위에 있는 매트에 누웠다. 적도에서 가까운 지역인데도 하롱베이의 섬들 사이로 굽이쳐 소리를 내는 차가운 바닷바람은 나에게 쉽게 잠을 허락하지 않았다. 잠을 자려고 밝고 큰 별을 이렇게 많이 세어본 적이 있었나 싶다.

5

# 모든 것이 신선한 여왕의 도시

퀸스타운

영국의 BBC방송은 죽기 전에 꼭 가봐야 할 도시 50곳을 선정했는데 뉴질랜드 남섬의 퀸스타운을 빼놓지 않았다. 인구가 8천여 명에 불과한 이 소도시에 연간 약 1백 3십만 명의 관광객이 몰려든다고 하니 경이로운 일이다. 상주인구 대비 160배에 달하는 관광객이 찾는 도시는 전 세계적으로도 흔하지 않다.

여행을 하면서 부지불식간에 도시의 통계 자료에 집착하는 습관이 생겼다. 인구, 도시면적, 1인당 GDP, 연간 관광객 수 등 여행을 하는 데 있어 그다지 도움이 되지 않는 숫자에 연연할 때가 많아졌다. 스마트폰이 없던 시절에는 빨리 알고 싶은 조바심에 근처 피시방에 들어가 정보를 검색하기도 했다. 여행을 많이 다니다 보면 미세하지만 의미 있는 정신질환을 수반하게 되는데, 나는 이것을 '직업적 여행병'이라고 규정했다. 여행이 주된 직업이 아니라서 직업병은 아니지만 마치 직업처럼 느껴지는, 그러면서 특정한 것에 집착하는, 여행 중 일시적으로 발생하는 정신질환의 일종이라고 스스로 진단했다.

무라카미 하루키는 그의 여행수필 『먼 북소리』에서 스스로를 '상주적 여행자'라고 표현했다. 자신의 주된 거처나 본국이 아닌 곳에서 오랫동안 머물면서 여행을 즐기는 사람을 그는 그렇게 명명했다. 퀸스타운에는 이곳이 너무 좋은 나머지 떠나지 못하고 상주하게 된 사람들이 많아 보였다. 그들이 사용하는 언어를 들으면 국적을 짐작할 수 있고, 옷차림새를 보면 잠시 있다 떠날 사람인지 여기서 계속 살고 있는 사람인지를 금방 파악할 수 있다.

영국과 직간접으로 관련이 있는 국가들에는 대부분 퀸스타운이라는 도시가 있다. 호주에도, 남아공과 싱가포르에도 똑같은 도시가 있지만 내가 극찬하는 도시는 단연코 뉴질랜드의 퀸스타운이다. 『월든Walden』의 저자 헨리 데이비드 소로우Henry David Thoreau가 찬미했던 대자연의 아름다움을 이 작디작은 도시에서 만끽할 수 있다.

노익장을 과시하다 2022년 4월 96세의 나이로 서거한 영국의 엘리자베스 2세 여왕은 1953년 대관식을 마치고 영연방 국가들을 차례로 순방하였다. 그녀는 수많은 도시 중에서도 와카티푸 호수Lake Wakatipu가 있는 이곳의 퀸스타운을 특히 좋아했다고 한다. 와카티푸는 마오리족의 말로 '비취 호수'라고 하니 여왕은 품격에 맞는 선택을 한 셈이다.

여왕의 발자취는 이미 다시 되풀이할 수 없는 역사가 되었지만, 여왕의 도시는 영화 〈반지의 제왕〉의 촬영지로 선정되어 그 명성을 다시 한번 과시했다. 해발 2,300미터가 넘는 리마커블산Mt. Remarkable의 청정한 공기는 도시의 모든 것을 신선하게 보존시키는 역할을 하는 것 같다. 뉴질랜드의 국조國鳥 키위 새가 스스로의 날개를 퇴화시켜버리고 날지 않는 이유는 드높은 하늘을 날지 않아도 땅에서도 얼마든지 신선한 공기를 마실 수 있기 때문일 것이다. 물론 나의 뜬금없지만 개연성 있는 상상이다.

퀸스타운을 방문하는 사람들에게 밀포드 사운드Milford Sound 협만 투어를 권한다. 경비행기를 타고 가서 배로 이동하는 여정이다. 피오르 투어는 북반구의 노르웨이에서만 할 수 있는 건 아니다. 기암괴석 사이로 흘러나오는 폭포수의 물결이 노르웨이 피오르 투어보다 훨씬 더 섬세하고 여성스럽다.

목가적인 삶을 준비하는 사람들에게 뉴질랜드 퀸스타운 여행을 권한다. 남태평양의 신선한 공기를 선물로 받을 것이다. 거대도시에서의 찌든 피곤함이 키위 새가 날개를 내려놓은 것처럼 서서히 소멸해감을 느낄 수 있을 것이다. 신선新鮮한 신선神仙놀음에 취해 나도 도낏자루 썩는 줄 모르고 이곳에서 상주적 여행가의 길을 따라 걸을지도 모르겠다.

6

# 천재의 영감은 산봉우리를 굽이쳐 흐르고

몬세라트

많은 이들이 천재 건축가로 부르는 안토니 가우디Antoni Gaudi는 '후천적인 천재'다. 후천적인 천재라는 말 자체가 비논리적이지만 그에겐 이런 표현이 어울린다. 천재란 선천적으로 신으로부터 여러 분야에서 재능을 부여받고 태어난 사람이 아니던가. 예컨대, 모차르트처럼 여섯 살 때 유럽의 많은 도시로 연주 여행을 다니고 청소년기가 끝날 무렵에 이미 거장의 반열에 오른 사람을 우리는 천재라 부른다. 그렇다고 모차르트를 '선천적인 천재'라고 묘사하지는 않지만, 선천적이든 후천적이든 천재는 그들의 탁월함으로 사람들에게 감동을 준다.

가우디는 태생적으로 병약했고 평생을 류머티즘 관절염으로 고생

했다. 어려서는 목발을 짚고 간신히 걸어 다녔으며 성인이 되어서도 통증이 심할 때는 당나귀를 타고 일터로 나가야만 했다. 몸이 불편하다 보니 사람들과의 어울림은 소원疏遠해졌고 주로 자연을 벗 삼아 많은 사색을 했다. 정규 건축학교에 다닌 것도 스무 살이 되던 해부터였다.

유년기부터 성인이 될 때까지 가우디는 시간이 날 때마다 산을 관찰하고 자연과 소통했다. 그는 "내 작업실 앞에 있는 나무, 그 나무가 나의 스승이다."라고 말했다. 자연은 장애가 있는 그에게 내재되어 있던 천재성을 꺼내어주었다. 자연은 가우디의 몸속에서 발아하지 못했던 천재의 DNA를 끄집어낸 위대한 선생님이었다. 그는 유명한 건축가가 된 후에도 "독창적이라는 말은 자연의 근원으로 돌아가라는 것을 뜻한다."라고 말하며 모든 것의 시작은 자연임을 강조했다.

가우디의 많은 작품에 모티브로 사용되었고 죽는 순간까지도 그리워했다는 카탈루냐 지방의 영산이자 작은 도시 몬세라트에 도착했다. 사그라다 파밀리아 대성당과 카사 밀라Casa Mila의 모습이 해발 1,230미터가 넘는 산 위에 서리어있음을 직관적으로 느꼈다. 가우디가 받은 영감은 바로 몬세라트산의 기괴한 봉우리에서 굽이쳐 흐르기 시작했던 것이다.

몬세라트산은 해저의 융기로 만들어진 6만여 개의 기암괴석 군群이다. 헤라클레스가 미국의 그랜드 캐니언을 수직으로 들어 올려놓은 듯한 착각이 들 정도다. 사람의 얼굴, 코끼리의 상아, 맹수의 이빨, 새의 부리, 물고기의 지느러미, 그리고 꽃과 별이 거대한 산봉우리로 재현되어

병풍처럼 이 작은 고산高山 도시를 묘사하고 있다. 가우디는 수십 년 동안 지켜봤던 이런 몬세라트의 형세를 마음에 담아 그의 작품 속에서 재구성했다. 그는 또 말했다. “자연은 신이 창조하신 건축이므로 인간의 건축은 그것을 배워야 한다.” 끊임없이 자연을 경외하고 배우려고 했던 가우디는 비로소 천재가 되었다. 이 세상에는 모차르트 같은 태생적인 천재보다는 가우디처럼 천재로 재탄생되는 경우가 훨씬 많음을 믿는다. 산이라는 뜻의 ‘Mont’와 톱이라는 뜻의 ‘Serrat’가 합쳐진 ‘톱니 모양의 산’에서 천재의 탁견에 깊은 동의를 표했다.

19세기 나폴레옹 군의 공격으로 파괴되었다가 복원된 몬세라트 수도원의 바실리카 대성당 안에서 미사가 진행되고 있었다. 성당의 제단 뒤쪽엔 직접 만지면 복을 받는다는 검은 성모상La Moreneta이 있다. 희소한 검은색의 성모상은 사람들을 끌어모으는 마력이 있는 듯 미사가 진행되는 순간에도 성모상으로 접근하기 위한 관광객들의 줄이 점점 길어졌다. 줄을 선 사람들은 어떤 복을 받고 싶어 주님의 어머니에게 다가가는 것일까? 그들의 사연을 하나하나 듣고 싶어졌다.

버스를 타고 산의 어귀까지 올라왔기 때문에 하산할 때는 케이블카를 이용하여 기차역까지 가기로 했다. 천천히 움직이며 다시 한번 좌우로 펼쳐진 기암괴석을 감상할 기회를 주는 케이블카 안에서 다음번에 올 때는 줄이 아무리 길어도 검은 성모상을 만지며 복을 빌어야겠다고 생각했다.

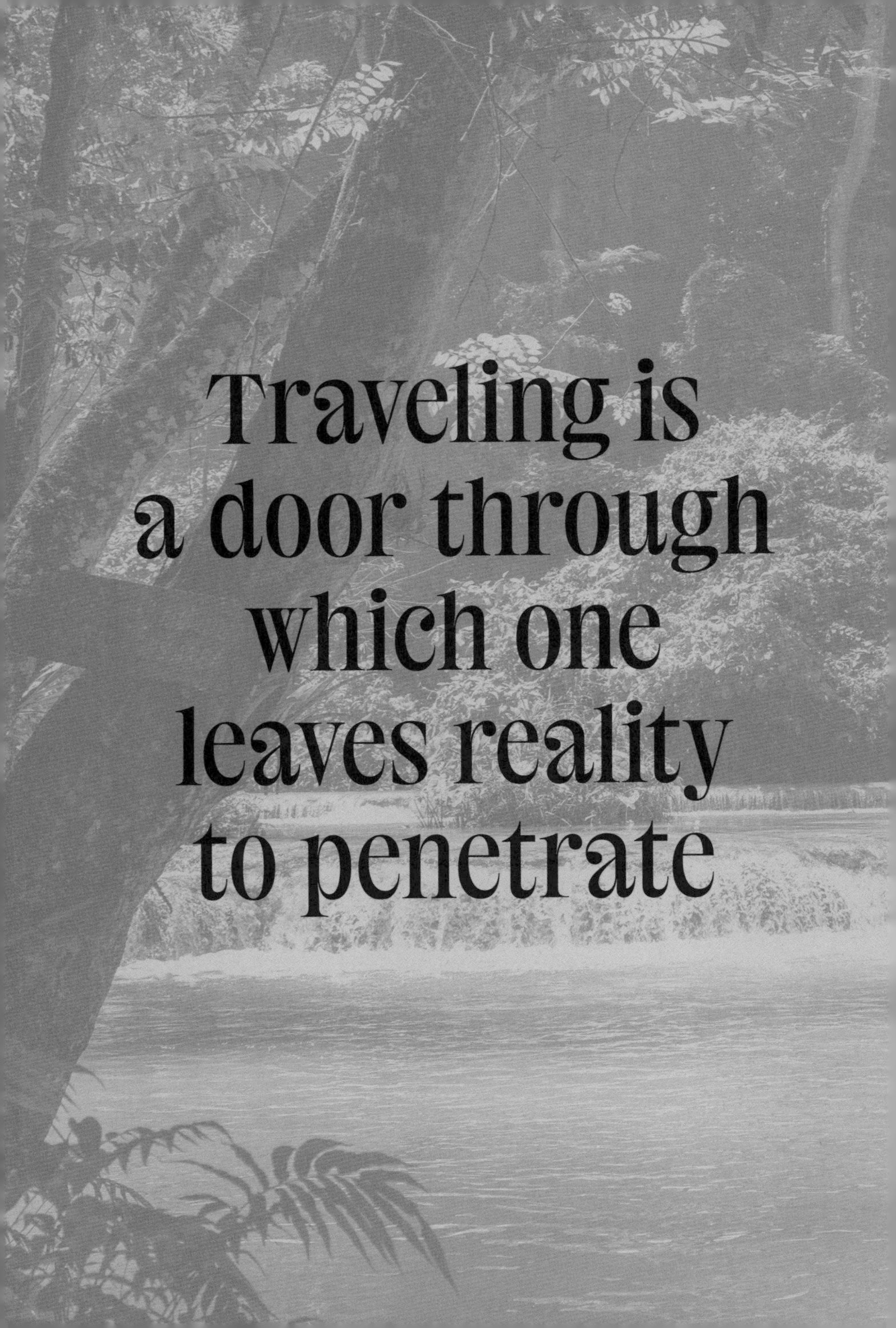

Traveling is a door through which one leaves reality to penetrate

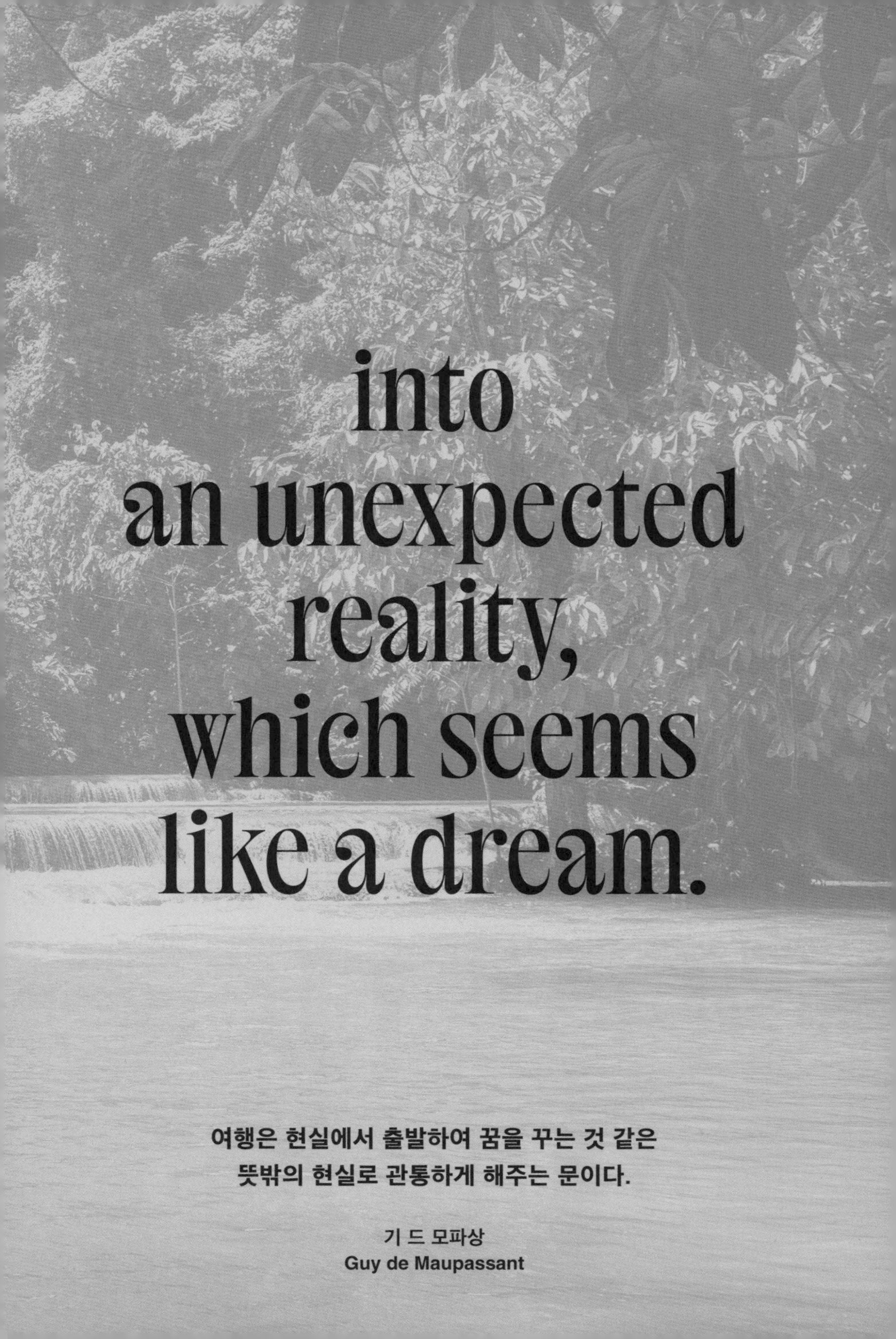

into
an unexpected
reality,
which seems
like a dream.
여행은 현실에서 출발하여 꿈을 꾸는 것 같은
뜻밖의 현실로 관통하게 해주는 문이다.
기 드 모파상
Guy de Maupassant

# 5

인간의 걸작

# Masterpiece of Human

Sydney, Australia

Dubai, United Arab Emirates

Pisa, Italy

Cannes, France

Vienna, Austria

Billund, Denmark

1

# 위대한 건축물을 품은 항구의 아름다움

시드니

모든 일이 계획한 대로 순조롭게 이루어진다면 이 세상에는 갈등과 슬픔이 없어질 것이다. 수재들이 계획한 일이 수포로 돌아갈 때, 사람들은 신의 뜻이라며 푸념을 늘어놓기도 한다. 7백만 불이면 충분하다던 공사비는 14배나 증가해 1억 2백만 불이 되었고, 3년이 걸린다던 공사 기간은 14년으로 늘어났다. 신의 뜻으로 치부하기에는 과정이 너무 참담했다. 건축가는 비난의 대상이 되었고 작품이 완성도 되기 전에 시드니를 떠나야만 했다. 하지만 이제는 오페라하우스 없는 시드니를 상상하는 것조차 불가능해졌다. 마치 파리에 에펠탑이 없는 것과 같은 모습일 것이다.

2007년 6월 세계문화유산으로 등재된 시드니 오페라하우스는 단순히 오페라를 공연하는 장소가 아니다. 오세아니아대륙의 랜드마크이자 문화를 창조해내는 공간이다. 여론의 질타를 받으며 공사 중단의 위기를 몇 번 넘겼지만, 신의 뜻은 중단이 아닌 완성이었다. 시대를 앞서간 인간의 디자인에 신은 시련도 주었지만 완성의 기쁨 또한 선물로 안겨주었다.

1973년에 지어진 건축물을 보고 평론가들은 50년 후에 나와도 신기할 것 같은 디자인이 50년 전에 나왔다고 평했다. 시드니시 정부는 공사 기간 중 파면했던 덴마크 건축가 예른 웃손Jørn Utzon에게 사과하고 오페라하우스 안에 그의 이름을 붙인 방을 만들어 헌정했다. 귤껍질을 까다 디자인 아이디어를 착상했다는 그의 말에 '갈구'와 '우연'의 상관관계를 생각했다. 웃손은 2003년 건축 분야 최고의 영예인 프리츠커Pritzker상을 수상했지만 2008년 심장마비로 사망했다.

호주는 영국 죄수들이 세운 나라라고 알려져 있다. 역사적으로 일부는 맞지만 전부 그런 것은 아니다. 1788년 건국 초기 약 16만 명의 죄수가 호주로 이송되었지만, 이후부터는 순수한 이민자들로서 죄수와는 아무런 관련이 없다. 'Water'를 '오타'라는 발음하는 호주영어와 'Water'를 '워러'라고 발음하는 나의 영어 차이만큼이나 우리가 알고 있는 역사는 사실과 많이 다르다.

교량의 폭이 세계에서 가장 넓다는 하버 브리지Harbor Bridge에서 다정다감한 이름의 달링 하버Darling Harbor까지 걸어서 이동했다. 걸으면서 호주 전체 인구의 약 14퍼센트가 아시아인이라는 통계가 거짓이 아님을 이해할 수 있었다. 길거리에 있는 수많은 아시아 식당이 20세기에 들어서면서부터 다문화사회로 진입한 호주의 모습을 활발하게 대변하고 있었다. 호주는 더 이상 백인들의 나라가 아닌 듯싶다.

사람들의 행동과 표정은 선진국의 조건이다. 한때나마 백호주의白濠主義를 표방했던 호주였지만, 이제 그런 '구식' 이데올로기의 모습은 많이 사라진 듯했다. 길을 묻는 나에게 황송할 정도로 친절하고 자세하게 알려주는 시드니 시민들이 존경스러웠다. 친절은 돈이 들지 않는 경쟁력이다. 친절한 가게에 사람이 몰리듯이 친절한 도시로 관광객이 몰려든다. 이런 친절함이라는 경쟁력이 시드니를 오세아니아 최고의 도시로 만들었다.

주말, 하이드 파크Hyde Park에는 춤을 추는 사람들, 가족과 함께 휴식을 취하는 사람들, 잔디 위에서 책을 읽는 사람들로 채워졌다. 사람들을 위해 울창한 숲이 피톤치드를 더 열심히 뿜어내고 있었다. 사람이 즐거우면 자연도 즐겁게 응답한다.

새로운 아이디어를 갈구하는 사람들에게 시드니 여행을 권한다. 미항에 아름답게 서 있는 위대한 건축물이 노력하고 갈구한 사람의 물음에 귤껍질처럼 '우연히' 답해줄지도 모른다.

2

# 황량한 사막 위에 창조된 낙원

두바이

구약성경 창세기에 나오는 바벨탑이 원형이라면 세계 최고 높이의 부르즈 할리파Burj Khalifa는 원형의 유전자가 변이되어 나온 복제다. 복제된 것은 원형이 가진 아우라를 내뿜지는 못하지만, 하나님에게 도전하는 인간의 욕망은 사라지지 않고 이 거대한 건축물에 내재된 듯하다. 높은 곳에 위치하려는 욕망, 그것은 인류가 에덴동산에서 추방된 이후부터 지금까지 계속되고 있는 자만이자 허세일지도 모른다. 인간은 계속해서 우주로 많은 존재를 띄워 올리며 신의 영역에 도전하고 있다.

두바이가 있는 땅 중동中東, Middle East, 가운데 있는 동쪽이라는 말이다. 은연중에 우리가 사용하는 중동이라는 말은 유럽 제국주의자들이 만든

말로 그들의 방향에서 보면 동쪽에 있는 서남아시아에 있는 국가들이 중동에 포함된다. 한국을 기준으로 하면 분명히 서쪽인데 우리는 그들의 언어를 그대로 번역해 '가운데 있는 동쪽'이라고 말하고 있다. 개념과 용어는 힘센 자들의 편에서 규정되고 해석된다.

물보다 휘발유 값이 훨씬 저렴한 이 사막도시에 웅장하게 서 있는 수많은 마천루 안에서 신이 물 대신 부여해준 원유의 막강한 힘을 실감한다. 밖은 100미터만 걸어도 온몸이 땀으로 젖는데, 빌딩 안에서는 추워서 긴팔 옷을 입고 있는 사람들의 모습이 이채롭다.

두바이는 아랍에미리트UAE를 구성하는 하나의 도시다. 그동안 내가 경험했던 아랍세계의 모습과 다녀온 사람들이 칭찬하는 두바이의 모습은 잘 섞이지 않았다. 낙후된 이미지가 더 크게 내 머릿속을 채웠기에 경험했던 아랍과 칭찬받는 두바이 사이에서 부등호는 '경험했던' 아랍 쪽으로 벌어졌다. 그러나 생각을 바꾸는 데는 긴 시간이 필요하지 않았다. 두바이는 사막 위에 창조된 낙원이었다. 불모지의 한 가운데에 설원을 옮겨다 놓은 실내 스키장, 바다 위에 인공섬을 만들어 그 위에 세운 7성급 호텔 부르즈 알 아랍Burj Al Arab, 완공되면 70만 명이나 살 수 있다는 해상도시 워터프런트가 두바이의 현재와 미래를 보여주었다. 건축 프로젝트 하나하나가 도시의 큰 그림을 그리는 역량 있는 지도자들이 있어서 가능했다. 두바이는 매일 신기록을 써나가는 도시다.

두바이에는 '두바이 드림'을 꿈꾸며 몰려든 외국인 노동자들의 피와 땀이 서려 있다. 두바이의 인구는 현재 약 350만 명인데 이 중 85퍼센트가 외국인 노동자다. 그들의 노력으로 건설된 도로 위에 오일 머니로 수입된 자동차가 달리고, 쇼핑센터는 온갖 명품 브랜드로 채워져 있다. 신이 아랍에미리트에게 물과 기름 중 하나만을 준 것은 공평함이겠지만 기름이 만들어낸 새로운 권력 구조는 불공평함의 시작일 듯싶다.

두바이 크리크Dubai Creek 주변에는 세계 각국의 음식점들이 많다. 현지인이 피우는 시샤Shisha 연기가 노천카페에서 퍼져 나온다. 호기심에 주문을 하고 몇 번을 흡입했다. 니코틴과 타르가 들어있지 않아 안전하다는 설명은 들었지만 정신이 몽롱해지고 힘이 쭉 빠졌다. 오래된 것은 바람에 날리는 모래알밖에 없고, 그 외 모든 것은 인간이 창조해낸 두바이. 이곳이 낙원 같았다. 신의 낙원이 아닌 인간의 낙원일지라도 이 정도면 쓸 만하다고 느꼈던 것은 시샤의 효과 때문만은 아닐 듯싶다.

3

# 의미 있는 기울어짐의 미학

피사

이탈리아는 볼 것도 참 많고 먹을 것도 참 많다. 이탈리아의 여러 도시를 여행하면서 '참'이라는 수식어를 곳곳에 참 많이도 붙였다. 그중에서도 토스카나Toscana주는 보석처럼 빛나는 지역이다. 꽃의 도시이자 르네상스의 발원지 피렌체가 있고, 피렌체와 어깨를 나란히 하는 고도古都 시에나Siena도 있다. 전 세계 와인 애호가들을 기쁘게 하는 작은 마을 몬탈치노Montalcino가 있고, 키안티Chianti의 구릉지역에서는 최고급 와인에 쓰이는 포도가 강렬한 햇빛을 받으며 익어가고 있다. 탑의 도시인 산지미냐노San Gimignano는 무려 200여 년간이나 번성하며 그 이름을 토스카나에 새겼다.

토스카나주에서 빼놓을 수 없는 명물이 키아니나Chianina 품종의 소인데, 가죽은 장인의 손을 거쳐 명품으로 재탄생되고, 고기는 토스카나를 강렬한 미식의 도시로 만든다. 토스카나주는 계획된 여정을 방해하는 훼방꾼 같다. 나열하고 설명할 것이 너무 많아서 '그리고', '그래서', '뿐만 아니라'를 남발하게 되는 곳이다. 이뿐만이 아니다. 나폴레옹이 유배되었던 엘바섬도 토스카나주의 일원이다. 이러한 토스카나주를 느긋한 마음으로 여행하고 있다. 여정은 생각으로만 존재할 뿐 더 이상 의미가 없다.

길이가 240킬로미터에 달하는 아르노강Fiume Arno은 피렌체를 거쳐 해상공화국으로 번영을 구가했던 피사에까지 이어진다. 아르노강은 자코모 푸치니Giacomo Puccini의 〈오 사랑하는 나의 아버지〉의 가사에 나오는 바로 그 강이다. 피렌체에서 며칠을 보낸 뒤 아르노강의 끝자락에 있는 피사에 도착했다. 갈릴레오가 위대한 실험을 했던 피사의 사탑이 있는 곳. 피사는 많은 사람들에게 사탑으로 특히 유명하지만 베네치아, 제노바와 패권을 다투었던 강성한 도시국가이자 지중해를 호령했던 해운국海運國이었다.

사탑은 중앙역에서 한참을 걸어 들어가야 볼 수 있다. 나는 강인하게 걷고 있다. 평생 하나님을 섬기셨던 아버지는 나에게 건강한 DNA를 물려주셨다. 결국 사탑으로 이동하는 힘도 하나님이 허락해주신 것이다. 보고 싶은 장소로 걸어가는 시간은 사색의 시간이다. 사색의 대부분은 지나친 감상感傷으로 채워지지만 이것도 여행의 묘미다.

1173년에 시작된 사탑의 건축은 1372년까지 200년에 걸쳐 진행되었다. 여행하면서 감동받고 좋아하는 것은 이런 스토리텔링이다. 누군가 시작한 것을 누군가의 손자가, 또 그 손자의 손자가 계속 이어나가는 역사는 그 자체로 아름답다. 이어짐은 진정한 인간성의 승리다.

294개의 나선형 계단을 가진 거대한 이 탑은 토질의 불균형으로 건축 초기부터 기울어지기 시작했다. 보수작업도 했지만 이탈리아 로마네스크 양식Romanesque Style●의 걸작으로 손꼽히는 두오모Duomo 옆에서 계속 기울어져 갔다. 두오모가 주主고 부속 건물인 탑은 부副인데, 정작 관광객들의 관심은 탑의 기울어짐에만 쏠리는 듯하다. 주객전도는 피사에서 가장 어울리는 말이 된다.

사탑은 부실시공의 전형이다. 그러나 피사대학에서 의학을 공부했던 명장 갈릴레오는 이 부실한 탑에서 낙하의 법칙과 진자의 규칙성을 실험했다. 탑은 토양에 대한 조사를 제대로 하지 않은 비과학적 행위로 기울어졌지만, 동시에 위대한 과학실험이 이루어진 장소가 되었다. 인간은 실수하는 존재다. 그래서 이런 실수에 더 열광하는지도 모른다. 피사에서 의미 있는 인간의 실수, 기울어짐의 미학을 생각한다.

● 10~12세기 전반, 유럽에서 성행한 건축 양식으로 현재 유럽 각지에서 볼 수 있다. 이 양식은 반원형 아치를 사용하고, 굵은 기둥과 창문이 거의 없는 두꺼운 벽 등이 특징이다. 피사의 사탑이 있는 피사 대성당이 로마네스크 양식의 대표적인 건축물이다.

CANNES

4



# 뤼미에르 극장에서 퍼지는 찬란한 별들의 빛

세계 최초로 영화를 만들어 상영한 사람은 루이 뤼미에르와 오귀스트 뤼미에르 형제였다. '사람은 이름대로 간다'는 말은 맞아떨어질 때가 꽤 많다. 뤼미에르lumière는 불어로 '빛'이라는 뜻이다. 영화를 필름에 투영되는 빛의 양으로 특정한 모습과 동작을 연속적으로 담아낸 것이라고 정의한다면, 그들은 정말 이름에 걸맞은 일을 한 것이다. 이름에 관官자가 들어간 고위공무원이나 성星자가 들어있는 장군을 보고 그들이 이름값을 한다고 느끼는 선택적 지각오류와 매우 흡사하다. 우연의 일치는 더 극적이고 많은 이야기를 낳는다. 중요한 것은 '뤼미에르'의 이름을 딴 극장에서 매년 기라성 같은 배우들이 레드 카펫을 걸으며 영화 축제를 벌인다는 것이다. 사람마다 도시를 규정하는 주제어가 각기 다르겠지만 나에게 칸Cannes은 역시 영화의 도시다. 칸은 일단 영화다.

매년 5월에 개최되는 칸 영화제는 이탈리아 독재정권의 개입으로 퇴색되어가던 베니스 영화제의 한계를 극복하기 위해 기획되었는데, 출품되고 초청되는 영화의 작품성만으로는 여러 국제영화제를 압도하는 것으로 평가받는다. 칸 영화제에서 수상한 작품은 유명한 평론가로부터 세밀하게 분석되고 논문에도 인용된다. 흔히 말하는 예술 영화 시장이 영화제 기간 중 열린다.

피카소, 샤갈, 마티스 등 수많은 예술가들이 여생을 보낸 휴양 도시라고는 하지만 이미 모나코와 니스에서 충분한 여흥을 즐기고 온 터라 휴양보다는 영화라는 주제에 방점을 찍었다. 칸 영화제 최고의 작품에 수여하는 '황금종려상'이 왜 열대식물인 종려나무에서 모티브를 얻었는지 칸에 가본 사람은 알 것이다. 남국의 기운을 한껏 품은 훈훈한 바람이 불어와 종려나무 가지를 흔든다.

영화 〈사운드 오브 뮤직〉의 주인공 줄리 앤드루스Julie Andrews의 핸드프린팅을 찾기 위해 뤼미에르 극장 주변을 헤매었다. 찾고 싶은 것은 원래 쉽게 발견되지 않는다. 극장 앞에서 작은 손바닥이 주는 긴 감동에 빠져 몇 시간을 보낸 후, 칸의 영혼을 담고 있다는 몽슈발리에 언덕Mont Chevalier으로 이동했다. 불어로 'Chevalier'는 영어로 '기사Knight'를 뜻하는데, 미국의 여류 소설가 트레이시 슈발리에Tracy Chevalier 때문인지 낯설지가 않다.

고상한 '비음'이 인상적인 불어는 영어만큼이나 수많은 한국 브랜드에 등장한다. 유명한 양복 브랜드에도, 자주 보이는 빵집 이름에도 들어가 있다. 불어를 사용하면 별다른 이유 없이 '고품격 무언가'를 떠올리게 된다. 칸에서 언어의 권력을 재인식한다. 오래전에 없어졌지만 서울의 논현동에도 뤼미에르 극장이 있었다. 칸의 '오리지널' 뤼미에르 극장과 서울의 '짝퉁' 뤼미에르 극장. 진품과 가품의 가장 큰 차이는 아우라다. 잠깐 눈속임을 할 수는 있겠지만 표절되고 복제된 것들은 진품의 아우라를 갖지 못한다.

영화에 대해 잘 몰라도 좋다. 딱히 좋아하는 배우가 없어도 괜찮다. 어떤 분야에서든 주인공이 되고 싶은 사람들에게 칸을 권한다. 칸에 오면 조명을 받는 느낌이 든다. 언젠가 누구라도 레드 카펫의 주인공이 될 수 있다는 꿈을 칸이 가지고 있기 때문은 아닐까.

5

# 천재 음악가들이 머문 발자취

비엔나

하이든, 모차르트, 베토벤, 슈베르트, 리스트, 체르니, 비발디, 슈만, 브람스, 그리고 대한민국의 안익태. 내게 친숙한 음악가들의 이름과 작품을 하나씩 열거하자면 많은 시간이 걸릴 것이다. 하지만 한 시대를 풍미했던 음악의 거장들로부터 한 가지 공통점을 찾아내라고 한다면 답은 오직 하나다. 현대 음악사에 한 획을 그었던 모든 음악가들은 비엔나에서 살았거나 공연했다는 것이다. 비엔나를 빼고 근현대음악을 논할 수는 없다.

비엔나Vienna는 오스트리아의 공용어인 독일어로는 빈Wien이다. 한국에서는 빈보다는 비엔나라는 이름에 익숙하다. 비엔나가 영어 이름이라서 그럴 수도 있겠지만 주변에 '비엔나'를 수식어로 사용한 음식이나 레스토랑이 많아서 그런 것 같다. 표음문자인 한글은 발음을 이용한 언어유희를 즐기기에 유리한 언어인데, 가난할 '빈貧'자를 도시 빈과 연결하는 나는 꽤 유치한 사람이다. 하지만 비엔나에서 활동했던 예술가들은 대부분 가난하게 살다 생을 마감했다고 하니 가난할 빈자와 전혀 어울리지 않는 것도 아니다.

명품 브랜드의 각축장이 된 그라벤 거리Graben를 지나 모차르트의 결혼식과 장례식이 치러진 슈테판 대성당St. Stephan Cathedral에 도착했다. 왜 천재라고 불리는 예술가들은 하나같이 젊은 나이에 요절한 것일까. 명작을 탄생시키기 위해 모든 에너지를 소모해서 그럴 것이라는 지극히 평범한 답을 해보지만 그 누구도 정확한 이유는 모른다. 잘츠부르크에서 태어났지만 비엔나에서 최고 전성기를 구가했던 모차르트는 서른다섯 살에 사망했다. 그의 공연은 매번 대성공을 거뒀지만 정작 걸작을 만든 작곡가의 생활은 늘 빈곤했다. '평범하고 긴 인생과 특별하지만 짧은 인생', 신은 불공평하면서 공평하다. 마음이 편하지 않았다.

프랑스 베르사유 궁전과 비견되는 쇤부른 궁전Schloss Schönbrunn을 보는 데는 꼬박 하루가 걸렸다. 한때 유럽을 호령했던 합스부르크가의 일원이 된 기분으로 궁전 안에서 가다 서다를 반복한 결과다. 1,441개의 방을 가진 궁전은 그 규모만으로도 왕가의 권위와 사치를 가늠케 했다.

벨베데레 궁전Belvedere Palace으로 발을 옮겨 구스타프 클림트Gustav Klimt의 〈키스〉 앞에 섰다. 단언컨대, 사랑하는 연인의 모습을 이보다 애절하게 그린 작품은 없다. 금빛으로 두 남녀를 감싼 옷, 여자의 볼에 애정을 담아 키스하는 남자, 남자의 키스에 부끄러운 듯 그윽하게 눈을 감은 여자. 사랑의 시간은 화폭 안에서 영원히 계속된다.

궁핍하고 가난해서 하고 싶은 것을 못한다고 말하는 것은 핑계일 뿐이다. 적어도 비엔나에서는 그렇다. 천재들의 명작 안에 내재한 고뇌와 노력을 느껴보고 싶은 사람들에게 비엔나 여행을 권한다. 명작의 탄생 과정은 모두 다르겠지만 신은 노력하는 사람의 편에 선다. 노력하는 천재에게 마지막 1퍼센트의 영감을 선물로 준다. 비엔나에 삶의 터전을 잡고 살아가야 했던 예술가들이 모두 궁핍했던 것은 아니겠지만 궁핍은 종종 절실함을 만든다. 신은 궁핍했지만 절실했던 사람들의 손을 들어 준다. 도시 빈은 빈貧이 아니라 더 많은 예술작품으로 가득차야만 하는 '빈' 공간이 되어야 한다. 비엔나 교향악단을 지휘했던 안익태 선생의 발자취가 서린 이 도시를 사랑한다.

6

# 레고랜드의 커다란 꿈이 펼쳐지는 곳

빌룬드

소방관들이 출동 준비를 하고 있다. 공항에는 비행기가 이륙준비를 하고 있고, 아름다운 항구 뒤편에서는 사람들이 펍에서 맥주도 마신다. 바이킹의 배가 바다에서 항해하고 있으며, 유럽의 고성古城과 미국 러쉬모어산 위에 조각된 4명의 대통령 얼굴상도 보인다. 이쯤 되면 사람들은 여기가 어딘지 짐작할 수 있게 된다. 모든 것이 작은 플라스틱 블록으로 쌓인 이 도시에는 큰 꿈이 있다.

전 세계 어린이들이 상상하는 커다란 꿈을 작은 블록으로 차곡차곡 쌓아 올린 도시. 감탄을 자아내게 하는 창의성과 상상력이 가득한 이곳을 나는 도시로 인정했다. 없는 것 빼고 다 있는 빌룬드의 또 다른 이름은 레고랜드Legoland다. 입장하기 전에는 어릴 적 갖고 싶어도 쉽게 살 수 없었던 비싼 장난감으로 가득 찬 테마파크 정도로 여겼지만, 관람을 마치고 나올 때는 완벽하게 갖추어진 실제 도시를 체험한 것 같았다.

레고랜드는 1968년 6월 7일 덴마크의 빌룬드라는 작은 마을에 건설되었다. 인구가 수천 명에 불과한 작은 농촌이었던 빌룬드는 레고랜드의 개장과 더불어 덴마크에서 가장 사랑받는 도시가 되었고, 연간 150만 명의 관람객이 찾는 명소로 인정받았다. 소도시 빌룬드에는 덴마크에서 두 번째로 큰 공항이 들어섰고, 빌룬드는 그렇게 레고랜드의 다른 이름이 되었다. "빌룬드라 쓰고 레고랜드라 읽는다." 주객은 전도되어 빌룬드를 모르는 사람은 많아도 레고랜드를 모르는 사람은 없다.

레고랜드가 개장한 이래, 남녀노소 가릴 것 없이 끊임없는 인기를 누릴 수 있었던 이유는 무엇에서 찾을 수 있을까. 질문의 답은 창의적인 콘텐츠를 개발하려는 노력으로부터 시작된다. 쌓인 블록은 스포츠카의 엔진, 스파이더맨, 비틀즈의 얼굴, 크리스마스트리가 된다. 승객을 태워 운행 중인 롤러코스터를 장식하고, 실제로 사람이 투숙하는 호텔 안의 소품도 모조리 블록으로 만들어 채웠다. 블록은 모든 것을 만들 수 있는 재료이고 부품이다.

블록은 홀로 존재할 수 없다. 물론 존재 자체에 의미를 부여할 수는 있겠지만 아무런 기능도 없고 아름답지도 않다. 조금의 오차도 허락되지 않고 정교하게 디자인된 블록이지만 다른 블록을 만날 때만이 그 기능과 의미가 완성된다. '공생'이라는 진리와 화합이라는 지혜를 블록의 쌓음을 통해 배운다. 가장 중요한 것은 레고랜드에서는 모두가 영원히 늙지 않는 피터팬의 얼굴을 가질 수 있다는 것이다. 여기선 노화현상도 잠시 쉬었다 간다.

최적화하는 효율성과 분업의 원리를 배우고 싶은 사람들에게, 그리고 함께 살아간다는 것의 중요성을 배우고 싶은 사람들에게 레고랜드 여행을 권한다. 작은 블록 하나하나가 의미 있는 철학적 화두를 던져줄 것이다. 작은 블록에서 커다란 꿈이 자라나는 도시 레고랜드의 경쟁력을 생각하면 왜 덴마크를 북구의 '소강국'이라 부르는지 쉽게 이해할 수 있을 것이다. 레고랜드는 전 세계에서 유일하게 '비호감 플라스틱'을 '호감 블록'으로 전환하여 꿈을 만들어내는 도시다.

# The journey begins where the rhythm of the heart

# is exposed to the wind of fear.

여행은 심장의 리듬이 두려움의 바람에
노출되는 곳에서 시작된다.

파브리지오 레스카
**Fabrizio Resca**

# 6

## 스토리텔링의 맛

# Flavor of Storytelling

Antwerp, Belgium

Okayama, Japan

Segovia, Spain

Athens, Greece

Bern, Switzerland

Sigiriya, Sri Lanka

1

# 악당의 손은 잘려서 강물에 던져지고

안트베르펜

사람이 사는 모든 곳에는 마치 꼭 그래야 하는 것처럼 악당이 존재한다. 약한 사람을 괴롭히고 온갖 전횡을 일삼던 악당은 결국 법의 심판을 받거나 영웅에 의해 단죄된다. 권선징악의 서사는 등장하는 주인공의 이름만 다를 뿐 언제나 비슷하다. '권선'보다는 '징악'에 방점이 찍히는 것이 더 통쾌한 짜릿함을 준다.

사람들의 이야기는 전설이나 신화라는 이름으로 후세에 전해지는데 도시의 이름에 그 흔적을 남기기도 한다. 안티군Antigoon이라는 악명 높은 거인이 사람들에게 통행세를 강제로 징수하였는데, 이를 거부하면 사람들의 손을 잘라 강물에 던져 버렸다고 한다. 겁에 질린 사람들은 울며 겨자 먹기로 돈을 내야만 했고, 간혹 객기를 부리는 사람들은 어김없이 손목이 잘려나갔다. 이런 와중에 실비어스 브라보Silvius Brabo라는 영웅이 등장하여 안티군의 손목을 잘라 스헬데강Schelde River 물속으로 던졌다. 부당한 세금의 고통 속에서 해방된 사람들은 브라보의 선행을 기리고 이 도시를 네덜란드어로 손을 뜻하는 'Ant'와 던져버림을 뜻하는 'Werpen'을 붙여서 안트베르펜Antwerpen이라고 부르기 시작했다.

사필귀정의 스토리텔링은 사람들을 열광시킨다. 도시이름 안트베르펜은 칼로 망한 자는 칼로 망할 수밖에 없다는 절대불변의 진리로 다시 한번 확인시킨다. 북부에서는 네덜란드어가, 남부에서는 불어가 통용되는 나라 벨기에의 안트베르펜에 도착했다. 나라이름은 하나인데 언어는 전부 이웃 나라의 언어를 사용하는, 특색이 없어 보이는 나라 벨기에서는 그저 고즈넉하게 걷기로 했다.

일본 애니메이션 〈플란다스의 개〉는 〈마징가〉, 〈그랜다이저〉 등과 더불어 유년 시절을 풍성하게 해주었던 명작이다. 불우한 소년 넬로와 충견忠犬 파트라슈의 슬픈 이야기는 매편 큰 감동을 주었다. 영국의 여류작가 매리 루이스Marie Louise의 동화가 이 애니메이션의 원작이라는 사실을 안 건 한참 후의 일이었다. 안트베르펜은 원작 동화 『A Dog of Flanders』의 배경이 되는 도시다. 재미있는 것은 일본기업 토요타가 안트베르펜 시내에 넬로와 파트라슈의 동상을 제작하여 기증하였는데, 동상을 보기 위해 일본 관광객들이 모여들었다고 한다.

플랑드르 지방●의 중심도시인 안트베르펜은 '플랑드르의 화가'라고 불리는 루벤스와도 깊은 관련이 있다. 상류 부르주아 가정 출신인 그가 화가가 되기로 결심하고 거장으로부터 미술 수업을 받은 곳이 바로 안트베르펜이다. 성모마리아 대성당에 있는 ＜십자가를 세움＞과 ＜십자가에서 내려지는 예수＞는 루벤스의 대표적인 걸작이다. 이 두 작품은 나폴레옹이 탐내어 프랑스로 가져갔다가 벨기에가 독립한 후 다시 반환되는 우여곡절을 겪었다. 거장의 반열에 오른 루벤스는 플랑드르 지방의 분위기를 남유럽 화풍에 접목시켜 많은 작품을 화폭에 담았다. 그는 안트베르펜을 사랑했고 1640년 안트베르펜에서 생을 마감했다.

꼭 거장의 명화를 보러 오지 않아도 된다. 열강의 틈바구니 속에서 흥망성쇠 했던 플랑드르 지역의 역사를 공부하지 않아도 된다. 프랑스도 아닌, 그렇다고 네덜란드라고 하기에도 어색한 플랑드르의 안트베르펜에서 동심의 세계를 자극한 애니메이션의 추억을 떠올리기만 해도 좋다.

식상한 것들을 모두 던져버리고 나만의 특색을 찾고 싶은 사람들에게 안트베르펜 여행을 권한다. 그곳에만 있는 색깔, 거기에만 있는 분위기가 새로운 감성을 불러일으켜 줄 것이다.

● 네덜란드 남부와 벨기에 북부 사이에 있는 지역을 말한다. 프랑스와도 국경을 맞대고 있기도한 이곳은 한때 네덜란드가 지배했으나 현재는 벨기에 땅이다. 일본 애니메이션의 영향으로 우리에게는 '플란다스'라는 이름으로 더 친숙하다.

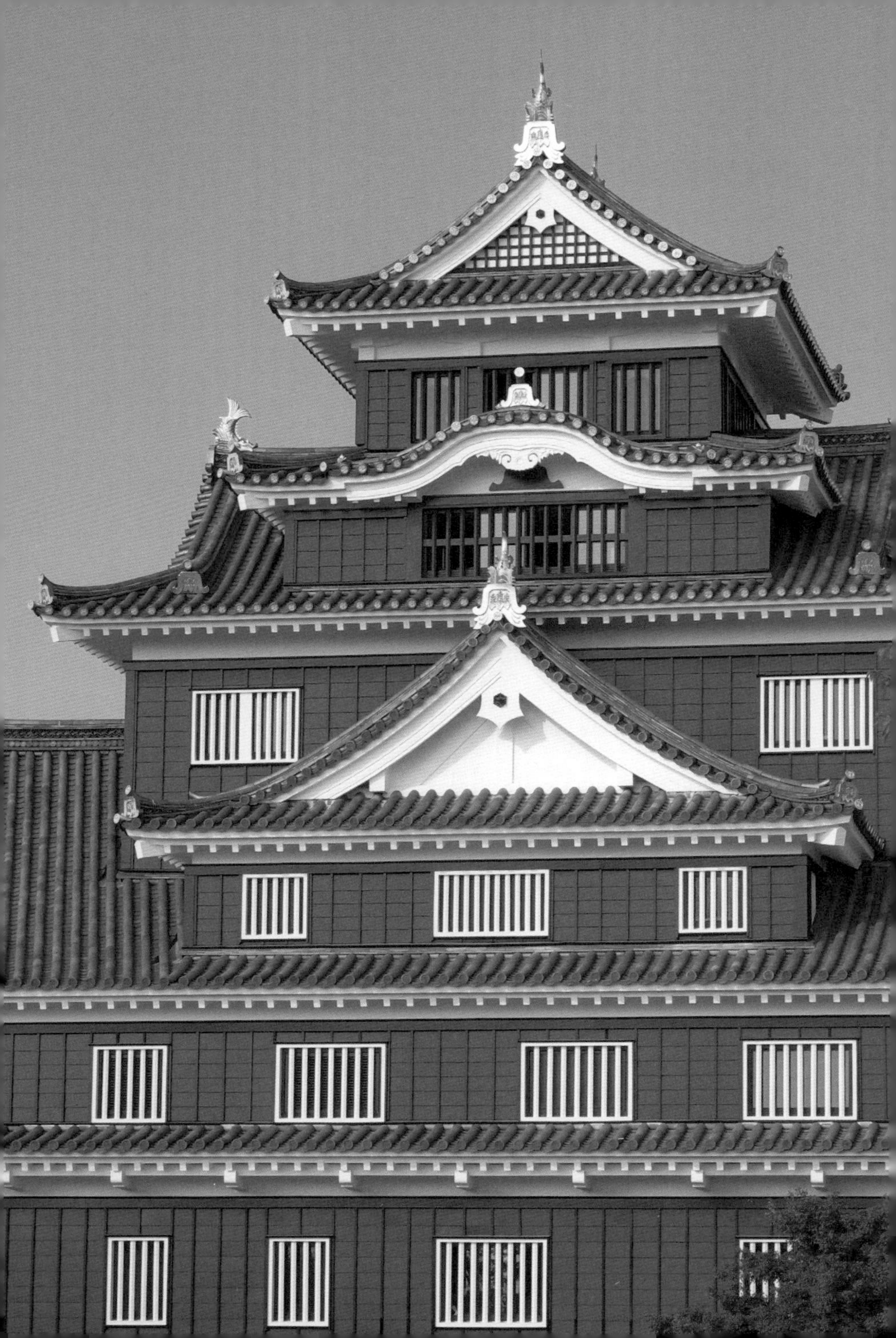

2

# 복숭아 향기 가득한 모모타로의 고향

오카야마

옛날 옛적 아이가 없는 노부부가 냇가에서 떠내려오는 큰 복숭아를 발견했다. 집으로 가져와 쪼개보니 사내아이가 나왔다. 노부부는 아이가 없던 터라 기쁜 마음으로 모모타로桃太郎라는 이름을 지어주고 정성껏 키웠다. 장성한 모모타로는 귀신이 출몰하는 섬으로 '귀신퇴치' 모험을 떠나게 되고, 여정 중에 만난 개, 원숭이, 꿩에게 부모님이 싸주신 수수경단을 나누어주고 부하로 삼았다. 귀신 출몰지역에서 귀신과 싸워 멋진 승리를 거둔 모모타로는 귀신의 보물을 가지고 돌아와 행복하게 살았다. 일본 사람이라면 모두 알 것 같은 모모타로 이야기의 간략한 줄거리다.

아이가 없는 노부부에게 우연히 주어진 아이, 귀신의 등장과 퇴치,

의인화된 동물, 그리고 해피엔딩. 스토리텔링이란 메시지를 생생하고 재미있게, 그러면서도 설득력 있게 전달하는 행위를 말한다. 이런 면에서 모모타로 이야기는 완벽한 플롯을 가졌다. 극적인 재미 요소를 곳곳에 포진시켜 놨다. 오랫동안 구전되는 농익은 이야기야말로 진정한 도시의 스토리텔링이다.

일본어로 '모모桃'는 '복숭아'를, '타로太郎'는 '맏아들'을 뜻한다. 모모타로는 이미 하나의 캐릭터이고 브랜드가 되었다. 오카야마역 앞에 있는 모모타로 동상은 유명한 포토스팟이다. 다른 지역보다 일조량이 높아 당도가 높은 과일이 많이 생산되는 오카야마를 일본에서는 '과일왕국' 또는 '햇살의 땅'이라 부른다. 포도 또한 지역의 명물이지만 모두 복숭아를 먼저 찾는다. 모모타로 브랜드의 힘이다.

일본은 어디를 가더라도 그럴듯한 도시 이야기를 발굴하여 상품화해놓았다. 일본에서 복숭아로 특히 유명한 오카야마岡山도 예외가 아니었다. 그냥 먹어도 맛있는 복숭아에 과장되었지만 그렇다고 허무맹랑하지도 않은 튼실한 이야기를 덤으로 얹어 놓았다. 7월과 8월 도시 전체에서 복숭아 향기가 풍기는 오카야마이기에 가능한 일이다.

오카야마에는 일본의 3대 정원● 중 하나인 고라쿠엔後樂園이 있다. 일본 조경문화의 진수를 보여주는 곳으로 1687년에 착공하여 1700년에 완공된 유서 깊은 정원이다. 안내 책자에는 정원 안의 건물이 1945년 태평양 전쟁 중 소실되어 복원했다고 나와 있지만 나는 17세기를 느끼고 있으니 이것이야말로 일본의 세밀한 '복원기술'이 아닐까 싶다. 지척의 거리에 위치한 까만색의 오카야마 성城도 1945년 미군의 공습으로 파괴되었다가 1966년 다시 복원되었다. 성의 벽면이 특이하게도 까만색이라서 '까마귀 성'이라고 불린다.

오카야마에서 다시 한번 소도시 여행의 매력을 느낀다. 대도시의 그늘에 가려진 것처럼 보이지만 멋진 이야기들로 가득 찬 도시들이 많다. 그곳에 가야만 맛볼 수 있는 음식, 그곳에서만 살 수 있는 기념품, 그곳에서 들어야만 더 구수한 이야기. 여행의 목적은 천차만별이겠지만 감칠맛나는 이야기가 있는 도시에 더 애착이 간다. 과일은 과일이지만 모모타로의 복숭아는 도시를 빛나게 하는 감초다.

● 니혼산메이엔(日本三名園)이라고 불리며 오카야마의 고라쿠엔 외에 가나자와의 겐로쿠엔, 미토의 가이라쿠엔을 지칭한다.

3

# 토속음식과 동화는 기타의 추억과 함께

세고비아

여행하는 도시에서 기대하는 것들은 꽤 다른 층위를 이룬다. 쇼핑, 미술관, 건축물, 와인, 스포츠, 심지어 환락에 이르기까지 도시를 여행하는 각기 다른 테마와 이유가 있다. 이런 테마와 이유는 와인 중에서도 나파밸리의 와인, 미술관 중에서도 피카소 미술관, 스포츠 중에서도 스페인 축구라는 식으로 더 세분화된다. 의도했던 여행의 층위가 하나씩 쌓여가면서 여행의 만족감은 증폭된다. 스페인은 오감을 만족시키는 나라다. 건축, 사람, 음식, 스포츠, 예술, 역사, 자연, 스페인의 테마는 뭐 하나 만족스럽지 않은 것이 없다.

세고비아는 카탈루냐주에 있는 도시들과는 그 분위기가 완전히 다른 카스티야Castilla 지방의 도시다. 토속음식 코치니요 아사도Cochinillo Asado 가 세고비아 여행의 메인 테마였다. 코치니요 아사도는 아직 젖을 떼지 않은 새끼 돼지로 만드는 요리인데, 이 도시가 원조다. 이베리아반도를 장악한 이슬람교도와 어디에서도 불청객 신세였던 유대인을 구별해내기 위해 고안된 요리라는 설이 있다. 이게 사실이라면 돼지고기를 먹지 않는 무슬림과 유대인을 음식을 통해 색출했다는 말이 된다. 음식이 사람을 괴롭히는 역할을 한다면 참 꺼림칙한 일이다. 생후 21일 이내의 아기 돼지를 요리해 먹는다는 죄책감마저 들었다. 그러나 음식이 레드 와인과 함께 제공되는 순간 죄책감은 슬그머니 꽁무니를 뺀다. 인간의 태생적인 경박함과 혀의 간사함은 말로 표현할 수가 없다.

세고비아에는 '백설공주의 성'이라고 불리는 알카사르Alcázar가 있다. 알카사르는 13세기부터 15세기에 걸쳐 축조된 스페인의 건축물을 말하는 것이라서 세고비아에만 있는 것은 아니지만, 월트 디즈니의 애니메이션 <백설공주>가 세고비아의 알카사르를 모델로 삼았다는 것이 알려지면서 유명해졌다. 레고블록을 쌓아 만든 것처럼 보이는 고깔모자 형태의 뾰족한 둥근 탑이 인상 깊었다.

아소게호 광장Plaza del Azoguejo을 가로지르는 로마 수도교Acueducto Romana는 세고비아의 상징이다. 로마시대의 토목기술은 이천년이 지난 지금에도 사람들을 감동시키고 있다. 길이가 728미터이고, 수로를 받치고 있는 아치의 수는 167개나 된다. 1884년까지 15킬로미터 떨어져 있는 강의 물을 시내에 물을 공급했던 고대인의 작품이다.

세고비아는 '승리의 땅'이라는 뜻이다. 로마군은 가는 곳마다 승리를 거두고 식민지를 건설했는데 세고비아도 예외일 수 없었다. 재미있는 여담이지만 세고비아는 한국인들에게 유명한 통기타 브랜드였다. 중학교 시절 세고비아 기타를 사기 위해 용돈을 모았었다. 그런데 세고비아가 정작 그토록 갖고 싶었던 한국의 기타 브랜드와는 전혀 관계가 없다는 것이 놀랍고 우스웠다. 안달루시아 지방의 리나레스Linares에서 태어난 기타 연주의 거장 안드레스 세고비아Andrés Segovia● 를 안 것은 훨씬 나중의 일이었다. 토속음식과 동화는 기타의 추억과 함께 했지만, 꽤 좋은 기타가 옆에 있어도 바빠서 못 치는 서울에서의 현실과 충돌하며 한참 동안 세고비아의 햇빛을 맞았다. 스페인에서는 햇빛이 두렵지 않다.

● 안달루시아의 그라나다 음악학교에서 잠시 공부한 것을 제외하고는 대부분 독학으로 기타의 권위자가 된 입지전적인 음악가. 1936년 이후에는 프랑코 독재정권에 반대하여 미국으로 건너가 활동하였다.

4

# 신과 인간의 아름다운 향연

아테네

국회의사당이 있는 신타그마 광장Sintagma Square에서 연일 계속되는 시위대의 농성을 보고 참담했다. 서양문명의 발상지라 불리는 나라에서, 자존심으로 똘똘 뭉친 사람들이, 단지 먹고 사는 문제로, 광장에 몰려나와 경찰과 대치하는 상황은 상상조차 못했다. 저 높이 신을 영접하기 위해 서 있는 파르테논 신전Parthenon은 시내 곳곳에서 벌어지는 인간의 시위를 묵묵히 바라보고 있다.

아크로폴리스Acropolis에서 민주주의의 꽃을 피웠던 선조들에게 현재의 아테네 시민들은 뭐라고 변명할 수 있을까. 시민들은 자신의 의견을 자유롭게 이야기하고, 대표자는 구성원들을 위한 정책을 만들어 의결했던 도시가 이제는 직장을 잃은 사람들의 구호로 가득 차 버렸다. 허기도 참아가며 반나절을 보냈던 파르테논 신전에서 그리스의 암울한 현재를 목도했다. 협상의 달인 유대인 상인마저 희랍 상인과 악수를 하고 나서 손이 아직 몸에 달려있는지를 확인한다는 우스갯소리가 경제적으로 침체되어있는 그리스와 어울리지 않았다.● 근래에 새 정부가 들어서 경제가 조금 좋아지고 있다니 그나마 다행이다.

이스탄불에서 기차를 타서 알렉산드로폴리스Alexandroupolis와 테살로니카Thessalonica를 찍고, 종착역 아테네에 도착했다. 긴 여정이었다. 기차 안에서 사람들과 그리스 경제에 대한 이야기판을 벌이며 왔다. 모두가 한국을 '경제선진국'이라 칭했다. 외국에 나가면 모두가 애국자가 된다. 현지인들의 칭찬이 싫지 않았다.

거리를 활보하는 남자는 헤라클레스의 후예처럼 보였고, 노천카페에 앉아 차를 즐기고 있는 여자는 아프로디테의 딸 같이 우아했다. 언덕이 많은 아테네를 걸으면서 몽환적인 생각에 많이 빠져들었다. 하늘에서는 신들이 인간을 징벌하기 위한 대화를 나누고, 땅에서는 신과의 전쟁을 준비하는 강인한 인간들의 모습을 상상했다. 재미있는 게임 시나리오를 짜는 느낌이었다. 아고라, 올림픽 경기장, 제우스 신전을 거쳐 리카비토스 언덕Lykavittos Hill에 온 나는 고고학 박사가 된 것처럼 흥분했다. 도시의 모든 것이 고대유물처럼 보였다.

아테네는 내 인문학 공부의 시작이었다. 대학 시절, 이디스 해밀턴

Edith Hamilton의 『해밀턴의 그리스 로마 신화』를 읽고 신화와 역사에 관심을 갖게 되었다. 그리스 국기 안에 있는 하얀 십자가는 오스만제국으로부터 독립한 기독교국가인 그리스를 의미하지만 나에겐 상상력을 동서남북으로 날라다 주는 연결통로처럼 보였다.

아테네를 언젠가 다시 여행하려고 한다. 하나라도 놓치는 것이 아까워 숨 가쁘게 언덕을 오르내렸던 예전과는 다르게 아주 천천히 걸어보고 싶다. 여정 내내 신화적 상상력을 주고받을 수 있는 동행자가 있다면 금상첨화일 것이다. 아테네는 혼자보다는 둘이 걷기 좋은 도시다.

스토리텔링이 필요한 사람들에게 아테네 여행을 권한다. 도시에 드리운 문명의 그림자가 상상력의 융단을 깔아줄 것이다. 아테네는 이야기의 발원지가 될 것이고, 그 이야기에 계속 살이 붙어 또 다른 이야기가 탄생할 것이다. 그리스 신화보다 더 멋진 작품이 나올지도 모른다.

● 그리스는 2010년 당시만 해도 파르테논 신전을 팔아서라도 경제문제를 해결하라는 조롱을 들었지만 2022년에는 GDP 성장률이 5.9%에 이를 정도로 경제가 회복되었다.

BUCHERER

5

# 곰이 행복한 스위스 연방의 수도

베른

국가 도메인은 국명의 이니셜을 따라 만들어지는 것이 보편적이다. 예컨대, 한국은 KR, 태국은 TH, 브라질은 BR, 프랑스는 FR로 정하는 방식이다. 그런데 스위스의 도메인은 'SW'일 것 같지만 'CH'를 사용한다. 자칫 잘못하면 중국의 도메인으로 착각할 수도 있다. 스위스의 정식 명칭은 라틴어인 'Confederatio Helvetica'이다. 우리말로 하자면 '헬베티카 연방'인데, 연방의 이니셜을 따서 도메인은 CH가 되고, 스위스 프랑은 SF가 아닌 CHF로 표기한다.

스위스는 다언어국가로서 독일어, 프랑스어, 이탈리아어, 그리고 로망슈어Rumantsch가 혼용된다. 그래서 독일어로 Schweiz, 프랑스어로

Suisse, 이탈리아어로 Svizzera, 로망슈어로 Svizra로 불린다. 중요한 것은 국토면적이 대한민국의 절반보다도 작은 스위스가 연방제국가라는 것이다. 스위스의 작은 주들은 국방과 외교에 대한 권리만 없을 뿐 모두 동등한 지위를 갖는다.

한창때는 전혀 느끼지 못했던 고산병 증세를 융프라우요흐Jungfraujoch에서 처음으로 절감하고 베른주의 주도이며 스위스 연방의 수도인 베른Bern으로 이동했다. 베른은 독일어로 곰을 뜻하는 Bären에서 유래했는데, 이 도시를 건설한 체링겐Zähringen가문 사람들이 사냥에서 처음 잡은 동물이 곰이어서 베른이라고 명명되었다고 한다. 뭔가 심오해야만 할 것 같은 도시이름을 단지 사냥한 동물의 이름에서 따왔다고 하니 좀 허탈했다.

베른 구시가의 끄트머리에 약 2만 제곱미터 규모의 곰 공원Bärengraben이 있다. 수도 안에 작지 않은 면적을 곰을 위한 공원으로 할애했다는 것이 존경스러웠다. 재미있는 것은 스위스에 서식하는 곰이 아닌 북유럽에서 입양한 곰 가족이라는 사실이다. 곰 도시에 있는 곰 가족, 그럴듯하다.

베른 구시가는 스위스 최초로 1983년에 유네스코 세계문화유산으로 등재되었다. 스위스 안에 있는 기라성 같은 도시들을 제치고 유일하게 선정되었다. 베른은 분수의 도시이기도 하다. 베른 시내에는 100여 개의 분수가 있는데 이름도 '모세의 분수', '식인귀의 분수', '백파이프 연주자 분수', '체링겐의 분수' 등 다채로운 스토리텔링만큼이나 다양하다.

빅맥지수Big Mac Index● 1위 국가답게 스위스의 물가는 여행자를 패

닉에 빠트린다. 패스트푸드를 먹어도 2만 원이 훌쩍 넘어서 제대로 된 레스토랑에 들어가는 것이 꺼려질 정도다. 그러나 스위스의 대표 음식 퐁뒤Fondue를 먹는 것에는 돈을 아끼고 싶지 않았다. 녹은 치즈가 여러 지역이 연방의 형태로 단합하는 스위스의 모습처럼 느껴졌다. 동시에 찍어 먹는 각각의 재료가 스위스 안에 존재하는 다양성을 상징하는 것 같았다.

스토리텔링을 즐기는 사람들에게 베른 여행을 권한다. 수많은 분수에 서린 이야기만으로도 신선한 아이디어를 얻을 것이다. 동물복지를 연구하는 사람들에게도 좋을 것 같다. 겨울철에 여행해서 곰 공원 근처에 있는 장미정원Rosengarten을 즐기지 못한 아쉬움이 크다. 다른 계절에 베른을 다시 갈 것이다.

● 영국 경제지 『이코노미스트』에서 고안한 것으로 각 나라의 구매력을 평가하는 경제 지표다. 전 세계 맥도날드 매장의 빅맥 가격을 미국의 빅맥 가격으로 나누어 계산한다. 지수가 높으면 해당 나라의 물가와 화폐 가치가 높다고 해석할 수 있다.

6

# 인간의 집념과 신성의 교차점

시기리야

야생동물이 저마다의 색깔을 뽐내는 밀림의 한 가운데에서 불현듯 나타난 외계인 무리가 큰 바위산을 만들고 있다. 외계인들은 산 정상에 수영장과 연회장을 만들어 놓고 한동안 실컷 웃고 떠들다가 비행체를 타고 유유히 사라진다. 입구로 걸어 들어갈수록 점점 크게 다가오는 암석을 보면서 머릿속은 온통 상상하는 즐거움에 빠진다. 이 평평한 대지에 무슨 일이 있었기에 융기된 괴석이 자리 잡을 수 있었는지 지구과학 시간에 배운 지식을 총동원해보지만 결론을 내릴 수 없었다. 사람들은 논리적으로 설명할 수 없는 삼라만상을 목도할 때, 인간이 아닌 신성을 생각하게 되는데 외계인은 신성을 어렴풋하게 묘사하는 도구가 된다.

싱할라어로 '사자의 목구멍'이라는 뜻을 가진 눈앞의 거대한 암석은 세계 10대 불가사의로 인정받는다고 한다. 암석 자체가 도시의 이름이 된 이곳을 보기 위해 나는 스리랑카로 고행의 길을 떠났다. 나에겐 시기리야가 스리랑카이고 스리랑카가 시기리야라고 해도 지나친 말이 아니다. 현지인보다 약 45배나 비싼 무려 미화 30불의 입장료를 냈지만 전혀 아까운 생각이 들지 않았다. 볼 가치가 화폐의 액면가치보다 높을 때 아까운 마음은 상쇄되어 없어진다. 시기리야 사람들에게는 '잘 생긴 바위 하나가 열 아들 안 부럽다'는 속담이 있는지 확인해보고 싶은 마음마저 들었다.

해발 370미터나 되는 기암을 능선이 아닌 가파른 돌계단을 통해 수직으로 오르는 것은 다른 도시에서 이미 지쳐버린 나의 몸이 감당하기에는 큰 고통이었지만, 저 아래 펼쳐진 울창한 밀림의 모습은 몸이 감당한 수고를 순식간에 보상한다. 정쟁을 피해 도망쳐 바위 궁전을 건설한 왕이 과연 자연의 아름다움을 즐길 여유는 있었는지. 벽에 그려놓은 미인들의 그림은 남겨놓고 온 정인에 대한 그리움으로 탄생한 것일까. 날이 어두워졌으니 내려가야 할 시간이라고 동행한 택시 기사가 말했지만 그럴 수 없었다. 빨리 다른 곳을 둘러봐야 한다는 여정에 대한 강박증도 이 사자 모양을 한 돌산에서는 잠시 갈 곳을 잃는다.

하산하는 길의 입구마다 진을 치고 앉아 있는 한 무리의 원숭이들이 인간을 동물 보듯이 쳐다보고 여행객들로부터 받은 빵을 먹고 있다. 바위틈에는 어미개가 새끼들에게 젖을 먹이고 있다. 올라가기 전에는 외계인까지 상상했는데 내려올 때는 지극히 자연적인 모습만 보인다. 오르는 것이 권력자의 집념이라면 내려오는 것은 노동자의 땀이다. 집념은 상상이고 땀은 현실이다. 불가사의한 힘과 인간의 노력은 바위산을 오르내리는 동안 기묘한 화음으로 조화를 이룬다.

고생도 마다하지 않을 사람들에게 시기리야 여행을 권한다. 비포장도로의 흙먼지와 숲에서 갑자기 튀어나오는 코끼리의 위협, 기념품을 팔려는 사람들의 호객행위를 다 물리치고 바위산 정상에서 누릴 수 있는 감동을 기다릴 수 있는 자에게 시기리야는 신과 인간의 경계선에 선 것과 같은 기분을 만들어 줄 것이다.

# A man who loves travel and change

# is
# a man
# of life.

**여행과 변화를 사랑하는 사람은**
**생명이 있는 사람이다.**

리하르트 바그너
**Richard Wagner**

# 7

## 낭만의 즐거움

# Joy of Romance

Hangzhou. China

Valparaiso. Chile

Toledo. Spain

Buenos Aires. Argentina

Otaru. Japan

Seattle. U.S.A.

1

# 미인과 부호의 선상 파티

항저우

중국 저장성浙江省은 예전부터 거상들이 많기로 유명하다. 큰 비즈니스맨들이 넘쳐나니 부자가 많은 것은 당연한 일이다. 미국의 경제전문지 『포브스Forbes』는 정기적으로 글로벌 부자 순위를 발표하는데, 중국에는 '중국 부자 연구기관'으로 통하는 후룬연구원胡潤硏究院이 있다. 후룬연구원도 『포브스』와 비슷하게 중국 내 부자 순위를 매년 발표하고 있다. 2016년 발표한 자료에 따르면, 한화로 3,700억 원 이상을 가진 중국 부자 2,056명 중 248명이 저장성 출신이었다. 순위로는 단연 1위다. 최근 자료로 보면, 2021년 중국 500대 민간기업 중 저장성 사람이 세운 기업은 107개로 24년 연속 1위를 차지했다. 저장성 출신 기업인을 중국에서는 저장상방浙江商幇이라고 부르며 이들을 '중국의 유대인'으로 간주한다.

저장성의 성도省都인 항저우는 여러 가지 이름으로 불려왔다. 행재行在, 임안臨按으로 불렸고, 마르코 폴로Marco Polo와 이븐 바투타Ibn Battuta 같은 여행가는 '킨자이Kinzai'라는 이름으로 유럽에 소개했다. 특히 마르코 폴로는 이곳을 세상에서 가장 아름다운 도시라고 칭송했다. 도시가 얼마나 아름다우면 이런 중국 속담이 있을 정도다. "上有天堂, 下有蘇杭" 우리말로 번역하면 "하늘에는 천당이 있고, 땅에는 쑤저우와 항저우가 있다." 쑤저우와 더불어 항저우는 최고로 아름다운 도시였다.

부자가 많으니 자연스럽게 미인이 모여든 것인지, 원래 이 지역의 물과 공기가 좋아 미인이 많이 태어난 것인지, 무엇이 먼저이든 즐거운 상상이지만 중국인들에게 물으면 이구동성으로 항저우 미인을 최고로 친다. 마르코 폴로는 부자들의 향연에 모여든 미인들에 취해 항저우를 세계에서 가장 아름다운 도시로 묘사한 것은 아닐는지. 중국 여배우 탕웨이의 고향이 항저우라니 명불허전이다.

중국 10대 명승지로 꼽히는 씨후西湖는 항저우 서쪽에 있는 인공호수다. 호수의 전경이 양귀비, 초선, 양소군과 더불어 중국 최고의 경국지색인 서시西施에 버금갈 정도로 아름답다고 하여 씨쯔후西子湖라는 별칭으로도 불린다. 절세가인 서시의 이름에 성인聖人에게나 부여하는 자子를 붙여 존칭했다는 사실이 흥미롭고 인상적이다. 석양이 지는 호수 위에 배를 띄워놓고 지역의 내로라하는 부호들과 절세가인들이 벌였던 선상 파티의 모습이 보이는 듯했다. 항저우주의 장관을 지낸 시인 소동파蘇東坡가 어딘가에 이런 모습을 시로 표현해놓았는지는 더 알아볼 일이다.

항저우는 북쪽 금나라의 침략에 밀려 남하한 송나라의 임시 수도였다. 그래서 남송시대의 문화가 많이 보존되어 있다. 허팡지에河坊街는 남송시대의 다양한 먹을거리와 건축양식을 재현해 놓은 번화가다. 어떤 상점의 종업원은 송나라시대 전통 옷을 입고 손님을 맞는다. 마오쩌둥 주석의 기념품을 파는 가게만이 지금 이곳이 송나라가 아닌 중화인민공화국임을 생뚱맞게 일깨워준다.

번영을 구가했던 부도富都의 사치와 향락을 아름다운 호수 위에서 상상해보고 싶은 사람들에게 항저우 여행을 권한다. 겨울만 빼고 계절별로 다 가봤지만 벚꽃이 피는 봄이 최고의 시즌이었다.

2

# 파블로 네루다의 시상

발파라이소

위아래로 길이가 너무 길어서 그런지 좁아도 너무 좁아 보이는 나라 칠레. 세계에서 가장 긴 나라 칠레의 길이는 약 4,300킬로미터에 육박한다. 길이로는 남반구 전체의 약 43퍼센트를 차지하지만 폭은 약 175킬로미터에 지나지 않는다. 다이어트를 하는 사람들에게 인기 만점일 것 같은 홀쭉한 칠레는 지도로 봐도 한눈에 들어오지 않는다. 동서로는 일일생활권인데 남북으로는 열대에서 한대寒帶까지 일곱 가지 기후대가 이어져 있어 여행 계획을 어떻게 짜야 할지 막막하다. 최북단에서 최남단까지 자동차로 이동하려면 꼬박 5박 6일이 걸린다는 칠레에서 다양성을 보고픈 열망이 없으면 여행은 불가능하다.

칠레의 중간쯤에 발파라이소Valparaiso가 있다. 영어로 번역하면 'Valley of Paradise', 우리말로 하면 '천국의 계곡'이다. '미니 샌프란시스코'라는 애칭을 가진 남미 제1의 무역항 빌라파이소는 2003년 유네스코 세계문화유산으로 등록되었다.

발파라이소의 라 세바스티아나La Sebastiana. 칠레에게 노벨문학상을 안긴 대문호 파블로 네루다Pablo Neruda의 집이다. 네루다는 언덕 위의 이 집에서 태평양을 바라보며 시상이 떠오를 때마다 일필휘지로 시를 써나갔다. 20세기 가장 위대한 시인으로 불리는 그는 '천국의 계곡' 위에서 파시즘에 저항했고, 민중을 대변해 사회 정의를 부르짖었으며, 때로는 초현실을 이야기하며 여체의 아름다움을 찬미했다. 그의 집이 있어 발파라이소는 더 큰 의미를 부여받는다.

항구에 정박한 배는 고급 레스토랑으로 운영된다. 선상에서 네루다가 좋아했던 음식 깔디요 데 콘그리오Caldillo de congrio를 주문했다. 생선 수프의 일종인 이 요리는 짭조름한 게 내 입맛에 딱 맞았고 테이블 위로 스쳐 부는 태평양의 바람은 어머니의 품처럼 포근하고 부드러웠다. 바닷바람이 짭조름한 맛에 풍미를 더하며 대문호가 즐겼던 음식의 냄새가 퍼지는 이곳은 스스로 천국의 계곡임을 증명하는 듯했다. 천국은 죽어서 가는 곳이 절대로 아니다. 여행 중에 가끔 여러 가지 형태로 경험한다. 발파라이소는 그 이름값을 톡톡히 해낸다.

배에서 내려와 소토마요르 광장Plaza Sotomayor으로 이동했다. 주말이라서 야외로 음식을 준비해온 가족들이 많이 보였다. 지나가는 나에게도 스스럼없이 가져온 음식을 권했다. 한편에서는 작은 가요제가 열리는 듯 스피커에서 참가자들의 노랫소리가 퍼져 나왔다. 여행을 하지 않았더라면 결코 느낄 수 없는 이 순간, 네루다가 여행에 관한 시도 썼는지 귀국하면 도서관부터 가야겠다고 다짐했다. 열망은 여행의 에너지가 되고 마음속에 충전된 에너지는 새롭게 경험을 채집하려는 열망의 모태가 된다.

칠레에 존재하는 다양한 기후와 그 기후 아래 조금씩 변해가는 동식물의 모습은 머릿속에 자리 잡고 있던 구태의연함과 쓸데없는 고집을 서서히 사라지게 만든다. 나쁜 생각도 말끔히 정리된다.

긴 여정의 중간쯤에 잠시 쉬어갈 수 있는 도시 발파라이소가 있다. 시인은 시로 말했다. "나는 고양이처럼 자고 싶구나." 위대한 시인의 시를 읊조리고 간다면 더할 나위 없이 좋다.

3

# 이상을 추구한 사나이와의 시간여행

톨레도

미겔 데 세르반테스Miguel de Cervantes는 1605년 천신만고 끝에 『돈키호테』를 출간하여 대단한 성공을 거두었지만 아무런 이익을 얻지 못하고 세상을 떠났다. 그러나 그가 창조해낸 돈키호테는 수백 년이 지난 지금도 단 하루도 빠지지 않고 전 세계 수많은 도시에서 공연되고 있다. 작품 속에서 돈키호테가 보여준 다분히 엽기적인 행각은 사회현상을 진단하는 방법론으로도 사용되고, 특히 심리학에서는 현실을 무시하고 공상에 빠짐으로써 분별없이 행동하는 성격의 유형을 지칭하기도 한다. 그래서 우리는 일상에서 '그는 돈키호테형이다'라는 표현을 사용하면서 충분한 생각 없이 행동만 앞세우는 사람을 묘사하곤 한다. 익살의 대명사처럼 들리는 이름 돈키호테는 에스파냐 문학의 진수를 넘어 고전문학의 대표작 중 하나가 되어 '나쁘지는 않지만 그렇다고 바람직하지도 않은', 그럼에도 친근한 이미지로 존재한다.

돈키호테의 어록은 특히 성공학 강의 등에서 자주 인용된다. "이룰 수 없는 꿈을 꾸고, 이루어질 수 없는 사랑을 하고, 이길 수 없는 적과 싸움을 하고, 견딜 수 없는 고통을 견디며 닿을 수 없는 저 밤하늘의 별을 따자." 돈키호테의 입을 빌려 이야기하고 있지만 평생 고난과 가난으로 점철된 세르반테스의 삶을 스스로 위안하는 말일 것이다. 세르반테스는 빚 때문에 옥살이를 했고, 전쟁 중에는 총상으로 왼손이 불구가 되었으며, 적군에게 잡혀 5년 동안이나 노예생활을 했다. 살아있을 때 '세속적인 성공'을 단 한 번도 거두지 못한 그의 자조적인 말이 성공학 강의에 등장하여 사람들에게 감동을 준다니 참 역설적이다. 성공을 못한 자의 말이 성공을 추구하는 사람들에게 용기를 주는 셈이다.

돈키호테의 공간적 배경인 라만차La Mancha 지방의 중심도시 톨레도에 세르반테스의 동상을 보러 아침 일찍 서둘러 왔다. 많은 이들이 엘 그레코El Greco의 작품이 있는 톨레도 대성당을 보러 오는데 나는 도시의 입구에 서 있는 그의 동상이 더 보고 싶었다. 초등학교 시절, 어머니가 사주셨던 어린이판 돈키호테를 처음 접한 지 수십 년이 지나 나는 비로소 소설 돈키호테의 원작자이자 비운의 대문호 세르반테스 앞에 서 있다.

톨레도는 1561년 펠리페 2세가 마드리드로 수도를 옮기기 전까지 카스티야 왕국의 수도였다. 기원전 2세기경 로마인들은 이곳을 톨레툼Tolétum이라고 불렀다. 톨레툼이라는 말은 끝까지 버티고 인내하여 정복되지 않은 도시를 의미하는데, 로마는 당당하게 저항했던 톨레도 사람들을 보고 이런 도시이름을 붙였다고 한다. 영어인 'Tolerate'가 힘든 환경을 '견디다'라는 뜻이니 결코 무관해 보이지 않는다. 높은 언덕 위에 건설된 굳건한 요새 톨레도를 차지하기 위해 수많은 종족이 활약했지만, 711년 이슬람 세력이 몰려와 무려 374년 동안이나 이 도시를 지배했다. 끊임없는 전쟁과 투쟁을 통해 이슬람 세력을 완전히 몰아낸 것이 1492년이라고 하니 종교의 의미가 무색해진다. 모든 종교는 평화를 갈구하고 있지만 참혹한 전쟁의 원인이 되는 것도 종교다.

저항의 도시 톨레도에는 무기를 파는 상점이 많다. 물론 진짜 무기는 아니고 실제 크기로 제작한 기념품들이다. 영화 〈반지의 제왕〉에 등장하는 각종 무기소품이 톨레도에서 생산되었다는 걸 한참 후에 알게 되었다. 가죽제품으로 유명한 도시가 있고, 금은 세공품으로 유명한 도시도 있지만 톨레도는 비록 가짜지만 무기로 유명하다는 것이 흥미로웠다.

이베리코 하몽 샌드위치와 와인까지 충분히 즐기고 마드리드행 막차를 타러 역으로 가면서 알칸타라Alcántara 다리를 건넜다. 아침에 건널 때는 '이슬람스럽게' 보이더니 밤에 나갈 때는 '카톨릭스럽게' 보이는 이유는 이상을 꿈꿨던 사나이의 무모한 도전과 함께 내가 '시간여행'을 했기 때문인 걸까.

4

# 도시 전체가 탱고를 추는

부에노스아이레스

제1차 세계대전 이전만 해도 세계 4대 부국으로 인정받았던 아르헨티나. 아르헨티나의 국토면적은 세계 8위로 대한민국보다 27배나 크다. 광활한 국토에서 철광석 같은 광물자원은 물론 원유와 천연가스의 매장량도 많아서 언제나 글로벌 에너지 기업들이 눈독을 들인다. 과장된 표현이지만 한반도만 한 소떼가 아르헨티나의 팜파스에서 뛰어다닌다는 농담도 있다. 그런데 가난해지려 해도 가난할 수 없는 비옥한 국토를 가진 아르헨티나가 몇 년에 한 번씩 모라토리엄Moratorium● 을 선언한다. 캄보디아의 앙코르와트가 눈에 보이는 불가사의라면 아르헨티나의 경제위기는 눈에 보이지 않는 불가사의다.

아르헨티나의 수도는 참 좋은 이름을 가졌다. 부에노스아이레스Buenos Aires. 영어로 하면 'Good Air'이고, 우리말로 하면 '좋은 공기'다. 참 솔직하고 진솔하게 와 닿는다. 실제로 공기가 좋아서 하루 종일 돌아다녀도 목이 아프지 않다. 외국인을 노리는 소매치기가 많다는 건 옥에 티다. 조심하느라 꽤 신경을 썼는데도 2인조 소매치기 일당에게 케첩 '테러'를 당한 기억이 아직도 생생하다. 한 명은 빌딩의 옥상에서 케첩을 조준해서 뿌리고 다른 한 명이 갑자기 나타나 옷에 묻은 케첩을 닦아주는 척하다 소지품을 훔쳐가는 협업 시스템에 혀를 내두를 수밖에 없었다.

부에노스아이레스는 이 세상의 모든 몸치에게 희망을 준다. 그런데 탱고는 단지 춤이 아니다. 음악으로서의 탱고가 없으면 춤으로서의 탱고는 속 빈 강정과 같다. 카를로스 가르델Carlos Gardel은 프랑스에서 이민을 왔지만 아르헨티나 최고의 탱고 가수가 되었다. 가수의 노래와 댄서의 춤이 합쳐져야 영어식 탱고가 아닌 아르헨티나식 '땅고'가 비로소 완성되는 것이다.

탱고의 발상지 라 보카La Boca는 여행의 핵심이다. 라 보카에 들어서면 음악의 선율에 맞춰 정열적으로 탱고를 추는 커플을 곳곳에서 볼 수 있는데, 호접지몽의 고사가 생각났다. 라 보카가 탱고인지 탱고가 라 보카인지 구별이 모호해졌다.

축구의 신이라 불린 디에고 마라도나Diego Maradona는 2020년에 고인이 되었다. 그를 배출한 보카 주니어스Boca Juniors는 아르헨티나 최고의 구단이다. 보카 주니어스의 홈구장을 사람들은 라 봄보네라La Bombonera라는 애칭으로 부르는데 '초콜릿 상자'라는 뜻이다. 1904년에 완공된 부에노스아이레스의 초콜릿 상자는 백 년이 훌쩍 넘은 지금도 화려한 자태를 뽐내고 있다. 아르헨티나에서 축구는 인생이고 가치관이다. 아르헨티나 사람들과 친해지려면 우선 축구 이야기를 하면 된다. 물론 그들의 영웅을 칭송하는 것으로 시작해야 하지만.

최고의 번화가로 꼽히는 플로리다 거리Calle Florida에서는 매일 탱고 공연이 벌어지는데 전 세계 관광객들이 다 모인 것 같다. 남미 해방을 외치며 평생 게릴라 작전을 펼쳤던 체 게바라Che Guevara, 국모로 추앙되는 에바 페론Eva Peron도 탱고를 관람하는 시간만큼은 뒤로 순위가 밀리는 듯하다.

정열의 의미를 되새기고 싶은 사람들에게 부에노스아이레스 여행을 권한다. 정열이란 가슴 속에서 맹렬하게 일어나는 감정 아니던가. 지쳐서 잠시 잠자고 있던 당신의 정열이 도시 전체에 감도는 탱고의 선율에 다시 활력을 얻을 것이다. 지금도 춤추고 있을 그 도시를 생각한다.

● 국가나 지방자치단체가 외부에서 빌린 돈에 대해 채무상환을 일시적으로 미루는 행위를 말한다.

5

# 차가운 듯 은은한 로맨스

오타루

긴 역사를 가진 일본영화를 단 하나의 키워드로 규정하는 것은 어려운 일이지만, 1998년 일본 대중문화 개방조치 이후, 한국으로 유입된 일본영화 중 가장 흥행에 성공한 작품은 이와이 슌지岩井俊二감독의 〈러브레터〉일 것이다. 구로사와 아키라黒澤明, 오즈 야스지로小津安二郎 같은 레전드급 감독의 작품도 있지만 한국인의 마음에 강한 임팩트를 남겨 아직까지 수많은 패러디가 나오는 영화는 단연 〈러브레터〉다. 이 영화에서 주인공이 설원을 향해 외치는 "오겡끼데스카"는 명대사의 반열에 올랐다. 일본의 인사말을 한국 전역에 퍼트린 일등공신이다. 삿포로에서 북국의 정취를 즐기고 운하의 도시 오타루小樽에 왔다.

오타루가 있는 홋카이도北海道는 아이누アイヌ족의 땅이었다. 아이누족은 고유의 언어와 문화를 지닌 홋카이도의 원주민으로서 지금도 소수이긴 하지만 일본, 사할린, 쿠릴열도 등에 살고 있다. 아이누 말로 '모래사장 안의 강'을 뜻하는 '오타오루나이'에서 도시이름 오타루가 나왔다고 한다. 어원에 대한 여러 가지 설이 있겠지만 일본의 줄임의 미학을 느꼈다. 오타오루나이가 오타루로 변화하는 과정은 Costume Play가 '코스프레コスプレ', Print Club이 '프리쿠라プリクラ'가 된 것과 비슷해 보였다.

오타루 역에서 운하로 향하는 길에 현재는 금융자료관으로 사용되는 일본은행 오타루지점이 있다. 1912년 완공된 이 은행 건물은 일본 근대건축의 아버지로 일컬어지는 다쓰노 긴고辰野金吾의 작품이다. 서울 남대문로에 있는 한국은행 본점 또한 그가 설계한 대표작 중 하나다. 일본은행 본점과 도쿄역도 그의 작품이고, 그의 제자인 츠카모토 야스시塚本靖는 서울역을 설계했다. 반일감정을 조금만 걷어내고 보면 똑똑한 일본인들이 현대사에 참 많이 등장함을 알 수 있다. 일본은 2022년 기준으로 29명의 노벨상 수상자를 배출한 나라다. 경제학상을 제외한 모든 분야에서 상을 받았다. 일장기가 걸렸던 한국은행과 식민지시대의 서울역을 오타루에서 떠올리는 것이 참으로 을씨년스러웠지만, 노래 가사처럼 지나간 것은 지나간 대로 '그것만의 의미'가 있다는 생각이 시나브로 강해졌다.

최소 100년 이상은 되어 보이는 건물들이 즐비한 사카이마치도리境町通り는 낭만적인 거리다. 산업화라는 미명 하에 없어지지 않고 그대로

보존되어 있는 것이 부러웠다. 여기 어디쯤에서인가 〈러브레터〉가 촬영되었을 것이다. 이와이 슌지 감독이 주인공 역을 맡았던 배우 나카야마 미호中山美穂의 대사와 연기를 담아냈던 길을 오랫동안 걸어 다녔다.

오타루는 미식의 도시다. 오타루의 스시는 홋카이도에서 가장 유명하다. 백여 개의 스시집이 모여 있는 '스시야도리'는 먹방의 성지다. 1990년대 선풍적인 인기를 끌었던 만화 『미스터 초밥왕』의 배경이 된 '마사즈시 본점政寿司 本店'도 있다. 식당 음식이든 길거리 음식이든 바가지 상혼 없이 합리적으로 가격이 정해져 있는 것이 좋았다.

오타루는 차가워 보인다. 그러나 서두르지 않고 은은하게 펼쳐지는 로맨스 같다. 퇴폐와 불륜, 엽기와 공포도 있겠지만 대부분의 일본영화는 가족이 중심에 있다. 가끔 〈러브레터〉 같은 로맨스도 끼워 넣는다. 오타루는 좋은 영화적 공간이다.

6

# 고래마저 커피 향에 취하는

시애틀

항구도시 시애틀 연안에 서식하는 고래들이 바다로 스며든 카페인의 영향으로 불임이 된다는 기사를 읽은 적이 있다. 글로벌 기업의 사회적 책임을 지적하는 기사의 본의보다는 고래가 커피에 취해있다는 것이 더 재미있었다. 구수한 커피향기가 지구에서 가장 거대한 포유류가 직면한 고통을 상쇄시키는 것 같다. 고래가 불임이 되어 멸종의 위험에 직면하고 있다는데 시애틀 도심에 있는 스타벅스 커피 1호점● 엔 언제나 커피를 주문하려는 사람들의 긴 줄이 생긴다.

관광 포인트가 많은 도시 시애틀이 언젠가부터 스타벅스 커피로 대표되는 것 같아 속상하지만, 허먼 멜빌Herman Melville의 소설 『모비 딕』에서

포경선을 운전하는 항해사 스타벅Starbuck이 브랜드의 모태라고 하니 흥미롭다. 모비 딕이 고래이니 시애틀과 고래는 연관성이 많다. 차이점이 있다면 소설의 모비 딕은 포악한 고래지만 시애틀 앞바다에서 사는 고래는 커피 중독에 빠진 온순한 고래라는 것이다.

시애틀에는 마이크로소프트 본사와 세계 최대의 비행기 제조사 보잉Boeing도 있지만 관능적인 1호점의 로고는 강렬한 임팩트를 주었음을 인정한다. 현재의 초록색 로고가 한국의 모든 도시를 접수하는 순간부터 나는 커피를 더 이상 즐기지 않게 되었다. 낭만의 붕괴는 절연을 낳는다. 시애틀 베스트 커피Seattle's Best Coffee도 비슷한 시기에 한국시장에 진출했지만 승자는 스타벅스 커피였다. 스타벅스의 흥행 요인으로 커피 맛보다 브랜딩의 성공이 먼저 떠오르는 이유는 커피와의 절연 때문이라고 확신한다.

시애틀은 계절의 변화가 뚜렷하고 볼 것도 많아서 영화의 공간적 배경으로 많이 나왔다. 한때 한국인에게 가장 호감 있는 여자배우로 뽑혔던 맥 라이언이 열연한 〈시애틀의 잠 못 이르는 밤〉, 현빈과 탕웨이 주연의 〈만추〉는 이 도시의 분위기를 잘 보여준 바 있다. 영화에 나오는 스페이스 니들Space Needle은 미국 북서부 최고의 랜드마크 전망대로 높이가 184미터나 된다.

시베리안 허스키가 학교의 상징물로 유명한 워싱턴대학교University of Washington 캠퍼스에서 고래가 여전히 카페인에 취해있을 것 같은 태평양 연안의 야경을 즐기고, 겨울마다 나타나는 걸쭉한 안개 속 다운타운의 모습을 카메라에 담았다. 시애틀은 미국인이 살고 싶어 하는 도시로 상위권을 차지하는데, 이런 몽환적인 모습 때문이 아닐까 싶다. 차로 세 시간이면 캐나다의 밴쿠버로 갈 수 있다는 것도 또 다른 매력이다.

스노퀄미 폭포Snoqualmie Water Falls의 장관, 레이니어산Mt. Rainer의 만년설, 일해보고 싶은 글로벌 기업의 본사, 시애틀만의 황홀한 가을비, 그리고 모든 방문객을 커피제국으로 안내해주는 은은한 커피의 풍미를 느끼고 싶은 사람들에게 시애틀 여행을 권한다.

● 스타벅스의 로고는 여자의 모습을 하고 아름다운 노랫소리로 선원들을 유혹해 암초에 부딪쳐 죽게 만들었다는 그리스 신화에 등장하는 인어, 사이렌(Siren)에서 착상했다. 시애틀 스타벅스 1호점의 로고는 초기의 스타벅스 로고를 사용하고 있어 우리가 아는 형태와는 사뭇 다른데, 사이렌의 모습이 보다 자세히 묘사되어 있으며 초록색이 아닌 갈색이다.

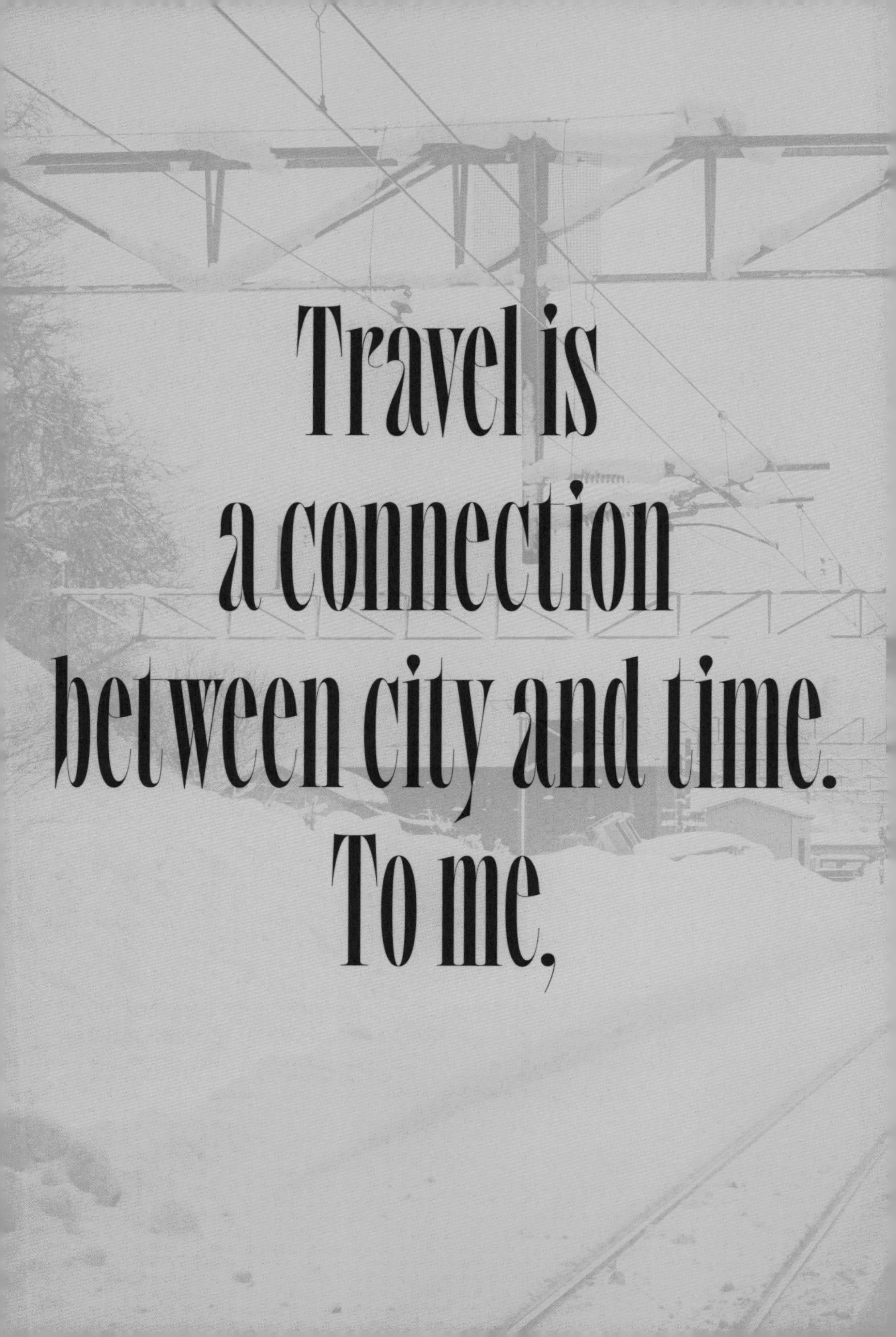

Travel is
a connection
between city and time.
To me,

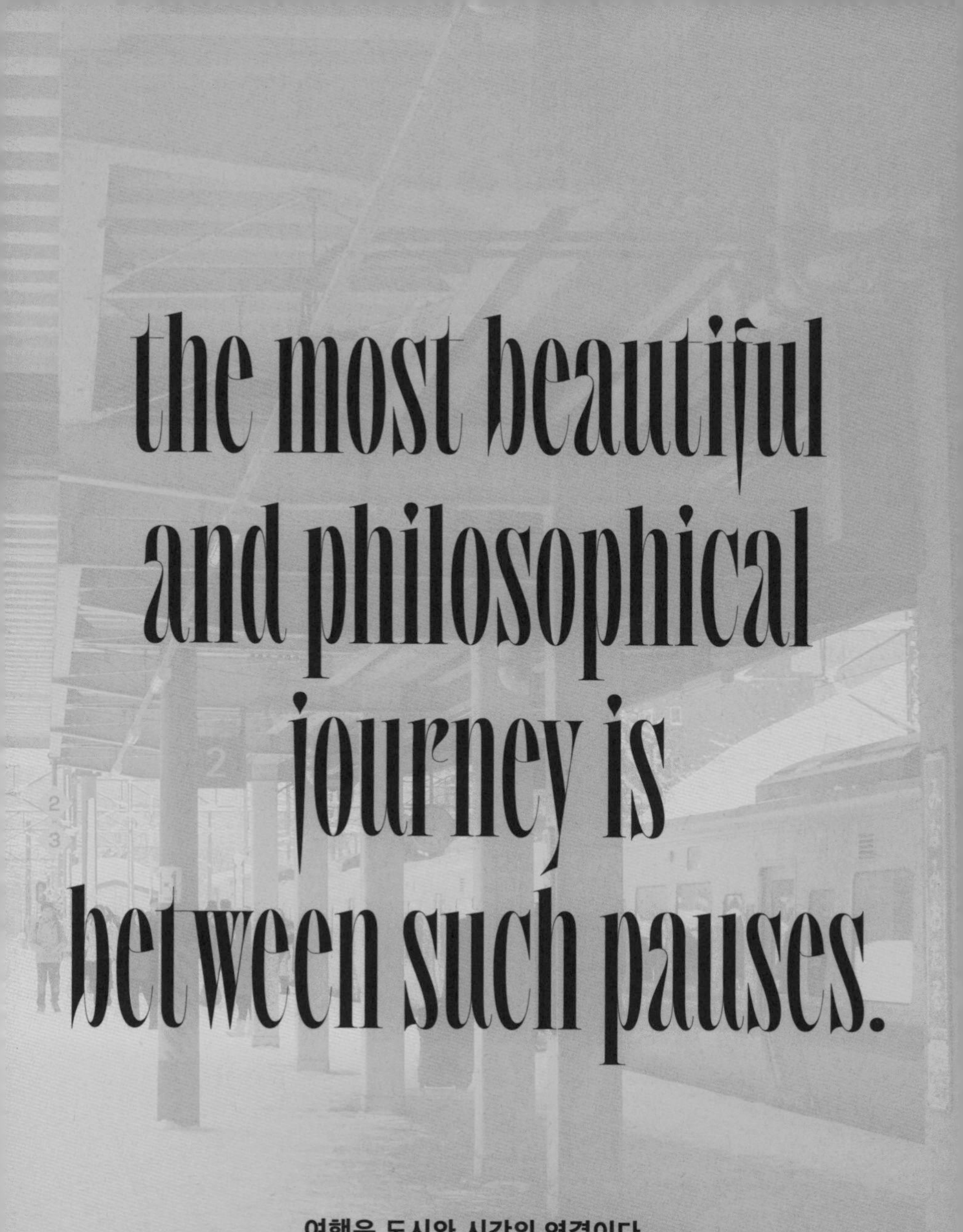

# the most beautiful and philosophical journey is between such pauses.

여행은 도시와 시간의 연결이다.
내게 가장 아름답고 철학적인 여행은 그런 멈춤들 사이에 있다.

폴 발레리
**Paul Valery**

# 8

다양성의 힘

# Power of Diversity

Bangkok, Thailand

Amsterdam, The Netherlands

San Francisco, U.S.A.

São Paulo, Brazil

Gothenburg, Sweden

Sitges, Spain

1

# 다양함이라는 악기를 천사가 연주하는

방콕

방콕은 다양함을 인정하는 도시다. 모든 것에 대해 '괜찮아'라고 말하면서 받아들여 준다. 될 것도 안 되고, 안될 것도 될 것 같은 방콕이지만 다른 모양새를 평등하게 인정해준다. 크기, 무게, 색깔, 냄새, 맛의 차이에 연연해하지 않는다. 방콕은 본질적으로 나쁜 것은 없다고 말하며 마음을 열어 준다.

방콕을 우스갯소리로 '방에 콕' 박힌다는 언어적 유희와 비슷한 곳으로 여겼다. 쉽게 말해, 그저 싸게 다녀올 수 있는 곳이라고 생각했다. 방콕 마니아가 되기 전, 처음으로 돈므앙공항에 도착했을 때 맡은 이국의 냄새를 잊을 수가 없다. 절대로 즐거운 향기라고 표현할 수 없는, 사람을 마비시켜 힘을 빼버리는 비릿하면서도 이상한 냄새. 지금은 냄새가 아니라 향기가 되었지만 그때는 표현하기도 힘든 정체 모를 냄새였다. 모든 것이 섞여서 하나를 특정할 수 없는 공기였다.

방콕은 '동양의 베니스'라 불린다. 빌딩 숲 사이로 운하가 실핏줄처럼 방콕의 여러 곳을 연결한다. 왜 항상 동양의 도시들이 '서양의 무엇'으로 묘사되는지 불만이지만 언젠가 베니스가 '서양의 방콕'이라고 불릴 날도 기대하고 있다.

방콕의 원래 이름은 '천사의 도시'라는 뜻의 끄룽텝Krung Thep으로 시작하여 깜쁘라싯Kamprasit으로 끝나는 수십 음절이다. 기네스북에 이 세상에서 가장 긴 도시이름으로 등재된 바 있다. 태국 사람들은 노래처럼 술술 외우지만 나는 성조가 다섯 개나 되는 태국 말을 발음하는 것 자체가 어렵다. 지금은 'BTS'라 불리는 지상철이 생기고 지하철도 운행되어 예전보다 교통체증이 많이 완화되었지만, 한 시간 동안 수백미터밖에 움직이지 못하는 택시에 타고 있을 때면 방콕은 스스로 천사라는 수식어를 슬그머니 내려놓을 때도 있다. 교통체증이 만든 '악마의 도시'는 경험해 본 사람만이 안다.

왕가의 권위를 보여주는 왕실의 사원, 왓프라깨우Wat Phra Kaew, 새벽 사원 왓아룬Wat Arun, 주말의 쇼핑 천국 짜뚜짝 마켓Chatuchak Market, 배낭족들의 성지 카오산 로드Khaosan Road 등 어느 장소 하나 버릴 것이 없는 알짜배기 명소로 가득 찬 방콕이지만, 방콕의 진정한 가치는 공존이다. 다양한 인종과 서로 다른 종교가 공존할 수 있게 해주는 것이 바로 '마이뻰라이 Maipenrai' 문화다. 길거리에서도 쉽게 들을 수 있는 일상어 마이뻰라이를 우리말로 번역하면 '괜찮아요' 정도인데, 조금 손해를 입어도, 일이 생각한 만큼 되지 않아도 "마이뻰라이"라고 말하며 서로를 원망하지 않는다. 타인을 용서하고 인정할 때 다양함은 멋진 화음을 내는 악기가 된다. 방콕이 천사의 도시인 이유는 다양함에 대한 포용이 깃들어 있기 때문이다.

남을 용서하지 못하는 사람들에게 방콕 여행을 권한다. 같음과 다름, 잘함과 못함은 종이 한 장 차이임을 방콕은 진솔하게 보여줄 것이다. 방콕은 2년간 체류하면서 크고 작은 불편함도 많았던 도시다. 하지만 언제나 편안함이 불편함을 작게 만들어주는 걸 보면 방콕에서는 다양함이라는 근사한 악기를 천사가 연주하고 있기 때문이리라.

2

# 예술가의 자유로운 영혼

암스테르담

네덜란드를 대표하는 화가들인 렘브란트, 프란스 할스, 얀 베르메르, 빈센트 반 고흐의 명작을 볼 수 있다는 '거대한' 기대감은 독일의 뒤셀도르프에서 탄 고속열차를 잠시나마 '느린' 존재로 만들어 버렸다. 시속 300킬로가 훨씬 넘는 초고속으로 열차가 달리고 있는데도 더 빨리 암스테르담에 도착하고 싶었다. 창밖으로 보이는 서유럽의 아름다운 모습보다는 가이드북에 나와 있는 작품 감상 포인트가 그 순간에는 더 큰 의미가 있었다. 마드리드의 프라도 미술관이나 파리의 오르세 미술관보다 암스테르담의 라익스 뮤지엄Rijks Museum을 더 가고 싶었던 이유는 가로의 길이가 4미터가 넘는, 미술책에서 보고 완전히 꽂혔던, 렘브란트의 <야경

Night Watch>을 보기 위함이었다. 고백하건대, 고등학생 때까지는 야경夜警이 아닌 야경夜景인 줄 알았다.

유럽에서 둘째가라면 서러운 고풍스러운 중앙역을 빠져나오자마자 눈앞에 펼쳐지는 운하가 해수면보다 낮은, 그래서 평평해도 너무 평평한 네덜란드를 시각적으로 인지시켰다면, 코를 자극하는 이색적인 마리화나 냄새는 자유로워도 너무 자유로운 영혼들의 천국, 암스테르담을 후각적으로 각인시킨다. 한국에서는 소지하는 것만으로도 범법행위가 되는 마리화나가 이곳에서는 합법이라니 말문이 막힌다. 되는 것보다 안 되는 걸 찾는 것이 힘든 나라 네덜란드의 암스테르담을 '불법의 냄새'를 간접적으로 맡으며 걸었다. 내가 사는 곳에서는 불법이고 여기서는 합법이라는 팩트가 불법의 냄새가 합법의 '향기'로 친숙해지는 것과는 아무런 상관관계가 없었다.

암스테르담의 분위기 메이커 자전거 행렬 사이를 뚫고 운하를 따라 내려가면 분홍빛 전등이 하나둘씩 켜지고, 길거리에 당당하게 펼쳐지는 홍등가의 미장센을 어떻게 표현해야 할지 막막해진다. 이런 곳에서 시인들이 시를 쓴다면 엄청난 시적 허용을 남발하지 않을까 싶다. 하지만 신기하게도 마리화나 냄새와 홍등가의 야릇함이 이 도시의 품격을 떨어뜨리지 못한다. 이곳 사람들은 우리가 숨기려고 노력하는 것을 공중으로 드러내놓고 각자의 판단과 선택에 맡기는 것뿐이다. 오히려 천하고 창피한 것이라고 규정해서 숨기려고 노력하지만 쉽게 숨길 수 없는 한국 사회가 더 잘못된 것으로 그려지는 것은 왜일까.

어디든 걸어서 다닐 수 있는 평평한 암스테르담을 체험하며 라익스 뮤지엄에 도착했다. 〈야경〉 앞에 서서 30분 동안이나 움직이지 못했고, 반 고흐의 〈감자 먹는 사람들〉 앞에서는 콧등이 시렸다. 빈자들의 고달프지만 소박한 표정에 완전히 몰입했다. 프란스 할스의 〈기분 좋은 술꾼〉 안에서는 애주가인 나의 모습을 발견하고 명화 속에 내가 있는 것 같아 웃음이 절로 났다. 술을 먹고 행복해하는 표정을 이보다 더 잘 표현한 그림은 지구상에 없을 듯했다. 암스테르담은 화가들의 자유로운 영혼을 태동시킨 요람이었으며 자유로운 영혼을 부여받은 예술가들은 이렇게 세계 최고의 작품들로 보답했다. 나아가 이런 자유는 암스테르담에 세계 최초의 주식 거래소와 주식회사를 만들었고, 네덜란드를 혁신의 아이콘으로 만들어 1600년대 세계를 주름잡는 강대국으로 탄생시켰다.

누가 도시의 품격을 감히 말하는가. 이곳 암스테르담을 여행하며 사람들의 표정을 보라. 품격이란 좋고 나쁨이 아니고 크고 작음도 아니며, 고귀하고 비천함의 문제도 아닌 스스로의 이성과 의지로 자유롭게 선택하는 것이라는 사실을 알게 될 것이다. 진정한 자유는 곧 혁신이며 번영이다. 그리고 공존하는 아름다움이다.

3

# 평화, 자유, 화합, 사랑, 그리고

샌프란시스코

"당신이 샌프란시스코에 온다면 머리에 꽃 장식을 한 온화한 사람들을 만날 거예요. 거리에서는 사랑을 외치는 사람들의 모임이 있으니 당신도 머리에 꽃 장식하는 것을 잊지 마세요." 팝송 〈San Francisco〉의 멜로디를 좋아했다. 노래를 부른 가수가 스콧 메켄지Scott McKenzie라는 것도 가사의 뜻을 알게 된 것도 대학교에 입학하고 나서였다. 미국 샌프란시스코에서는 이미 이런 신세계가 펼쳐지고 있음을 노래는 설명해주었고, 지금은 참 우스꽝스럽지만 시사주간지 『타임Time』을 열심히 읽으며 미국의 정보를 수집해야겠다고 다짐했었다.

미국에게 있어서 1960년대는 새로운 저항의 시대로 기록되었다.

로마 올림픽 복싱경기에서 우승한 무하마드 알리Muhammad Ali는 인종 차별에 항의하며 그에게 수여된 금메달을 강물에 던져버렸다. 그는 "나를 '검둥이Nigger'라고 모욕하지 않는 베트남 사람들을 죽일 이유가 나에게는 없다."라고 말하며 사회적 불이익을 감수하고 징집을 거부했다. 이 무렵 밥 딜런Bob Dylan이 〈Blowing in the wind〉를 부르며 자유의 갈망과 반전을 외쳤다. 조안 바에즈Joan Baez 또한 청아한 목소리로 노래하며 사회적 부조리를 고발했다. 이에 맞춰 샌프란시스코에서는 점점 빠른 속도로 히피 문화가 태동하고 있었다. 젊은이들은 헤이트 애쉬버리Haight-Ashbury부근으로 몰려들어 미국과 베트남이 벌이고 있는 무의미한 전쟁을 중단하고 고리타분한 구습을 타파하자는 시위를 벌였다. 샌프란시스코는 평화, 자유, 화합, 사랑의 기치를 내건 1960년대 히피문화 운동●의 발상지가 되었고, 2016년 마침내 밥 딜런은 팝 가수로는 최초로 노벨문학상을 수상했다.

미국의 동맹국임을 자처하던 나라의 젊은이들이 베트남전에서 피를 흘리며 죽고 있을 때, 샌프란시스코에 모여든 사람들은 밥 말리Bob Marley와 지미 헨드릭스Jimi Hendrix의 음악에 몸을 흔들며 인종과 계급의 차이를 없애자고 주창했다. 기타와 팝송은 히피들의 무기였고, 아무런 패턴 없이 마구 색칠하여 찢어 입은 옷은 그들의 상징으로 자리 잡았다. 히피문화는 시간이 갈수록 마약 중독과 무분별한 성행위 등의 폐단을 낳으며 점차 사라져갔지만 1980년대까지 이어지며 현대문화의 영원한 화두가 되었다.

한국에서는 금문교라 불리는 골든게이트브리지Golden Gate Bridge를 금발 미녀와 함께 스포츠카를 타고 건너는 드라마 같은 상상, 자본주의의 극치를 보여주는 미국은 어린 시절의 나에겐 강력한 동기부여이자 성공의 의미였다. 비록 금발 미녀는 곁에 없어도, 스포츠카를 몰지도 않았지만 금문교를 처음 방문했을 때의 감동은 잊을 수가 없다.

샌프란시스코의 관광명소는 너무 많아 일일이 나열하기가 힘들다. 관광명소보다 중요한 것은 이 도시로 몰려든 사람들의 자유에 대한 갈망이 아직도 미국을 건재하게 하는 힘이라는 것이다. 여기선 기존의 것에 얽매이지 않는 자유의 수호자로서의 미국이 보인다. 화합하고, 연대하고, 쟁취하는 자유의 의미를 느끼고 싶은 사람들에게 샌프란시스코 여행을 권한다. 히피문화의 메카에서 잠시나마 불합리한 규범의 틀에서 벗어난 것과 같은 상쾌함을 느낄 수 있을 것이다.

● 베트남전의 참상이 미국 젊은이들에게 전해지면서 잘못된 기성문화를 개혁하고 즉각적인 종전과 각종 사회적 차별을 철폐해야 한다고 주장한 반체제 운동을 이른다.

4

# 형형색색 같은 듯 다른 듯

상파울루

검은 피부색의 파란 눈을 가진 여인이 거리를 활보한다. 피부는 하얗지만 갈색 눈을 가진 남자가 캐주얼한 복장으로 버스를 기다린다. 하나의 몸에서 저렇게 다른 색깔과 분위기를 만들어 낼 수 있다니. 도시를 구성하는 사람들 자체가 다문화성을 설명하고 있다. 하얀 피부-파란 눈-금발, 이런 식의 공식이 그동안 머리를 지배해왔는데, 상파울루에서는 인종에 대한 고정관념이 무너져 내린다.

거리를 걷는 사람들 모두 뇌쇄적인 미소를 지닌 것 같다. 어디서든 손만 뻗으면 라틴 댄스를 함께 즐길 수 있을 것처럼 은은하고 너그러운 표정들이다. 남자들은 모두 브라질 무술 주짓수 선수인 것처럼 길쭉길

쭉한 근육질의 팔다리를 날렵하게 휘저으며 걷는다. 하나같이 같은 듯하면서 다르다. 한국 사람들만큼이나 패션에 신경을 쓰는 듯 모두 잘 차려입고 있다. 말로만 듣던 패션 도시 상파울루에서는 사람이든 옷이든 같은 생김새나 색깔을 찾아볼 수가 없었다.

남미대륙에서 가장 큰 도시 상파울루에서는 피부색에 따라 백/흑/황인종으로 나누는 전통적인 분류법이 의미가 없다. 한 사람 한 사람이 각기 다른 형형색색의 매력을 가졌고, 하나의 인종이다. 백인 부모 사이에서 흑인 아이가 태어나고 흑인 부모 사이에서 백인 아이가 태어나는 것이 브라질에서는 큰 뉴스거리가 아니다. 오랫동안 공존하며 섞여버린 DNA의 표현형 때문이다. 인구가 1,200만 명이 넘는 초거대도시 상파울루에서 다양함의 의미를 생각한다. 오래된 성당이나 유적지보다는 다름의 미학이 더 인상적이었다. 태국 방콕의 다양함이 정신적인 포용같은 것이었다면 상파울루의 다양함은 직관적이고 외형적인 개성인 것 같았다.

스페인어의 사촌격으로 생각한 브라질의 공용어 포르투갈어는 직접 들어보면 프랑스어와 더 비슷하게 들린다. 경음이 많은 스페인어에 비해 비음이 많이 섞인 브라질 사람 특유의 악센트와 억양이 이채로웠다. 감사함을 표현하는 말 '오브리가도Obrigado'만 써도 입꼬리가 올라가는 큰 미소를 '쏴주는' 상파울루 사람들의 다양한 얼굴이 마음에 들었다.

브라질은 자존심이 센 나라로 유명하다. 미국 당국이 공항에서 외국인에게 지문날인을 요구하자 미국인이 브라질로 입국할 때 똑같은 방식을 적용한 브라질의 '당당한 호혜주의'는 대단한 것이었다. 미국을 상대로 '이에는 이, 눈에는 눈'으로 대응을 할 수 있는 나라가 이 지구상에는 브라질밖에 없을 듯싶다.

봉헤찌로Bom Retiro는 이제 한인타운으로 통한다. 한국교포들이 패션 시장을 선도하며 K-패션을 널리 알리고 있다. 1930년대부터 유대인들이 장사를 하던 지역으로, 이제는 한국인들이 상권을 주도하며 남미 여러 국가의 상인들이 물건을 사러 올 정도로 규모가 커졌다.

기존과 다른 새로운 것을 접할 때마다 힘들어하는 사람들에게 상파울루 여행을 권한다. 다양함이란 순수함을 파괴하는 것이 아닌 공존을 통해 더 강한 에너지를 만들어내는 존재임을 깨닫게 될 것이다. 순수함은 인간의 본질일 뿐 외관의 차이가 아님을 상파울루는 말해준다.

여행 중에 배가 고파지면 대표적인 서민 음식 페이조아다Feijoada를 먹어도 좋다. 채소와 콩, 감자와 고기가 잘 어우러진 맛이 꼭 상파울루의 다양함을 닮았으니까.

5



# 나쁜 것도 이상한 것도 없는 당당한

스웨덴의 동쪽에 핀란드를 향하고 있는 스톡홀름Stockholm이 있다면 서쪽에는 덴마크를 바라보는 예테보리Göteborg가 있다. 스웨덴어 발음법을 전혀 모르는 나로서는 왜 'Göteborg'가 '괴테보르그'가 아닌 '예테보리'로 읽히는지 신기했다. 한국에서는 직항이 없는 관계로 항공사에서 제공하는 숙박 바우처를 받아 독일 프랑크푸르트에서 1박을 하고, 다음 날 아침 제일 빠른 비행기 편으로 예테보리 랜드베터Landvetter공항에 도착했다.

무색무취의 공기가 이토록 맛있게 느껴지다니 역시 이곳은 청정한 북유럽이다. 빨간 머리 미인들이 주변을 지나다녔다. 1980년대 전 세계적으로 선풍적인 인기를 끌었던 TV 드라마 <말괄량이 삐삐>의 주인공 잉거 닐슨Inger Nilsson이 떠올랐다. 말괄량이 삐삐는 동화작가 아스트리드 린드그렌Astrid Lindgren이 1945년에 발표한 작품이다. 스웨덴은 견고한 볼보 자동차의 고향이고 1970년대부터 지금까지 사랑받는 팝그룹 '아바ABBA'를 배출했다.

예테보리는 '용감한 주민들이 사는 곳'이라는 뜻이다. 이름은 도시의 분위기를 규정한다. 팔뚝에는 타투를 하고 얼굴에는 피어싱을 한 채 거리를 활보하는 청소년들이 용맹한 고트족의 후예처럼 보인다. 한국 같으면 불량청소년이라는 오명을 뒤집어쓸 거 같은데, 예테보리에서는 그냥 각각의 개성일 뿐이다. 컬트영화로 유명한 팀 버튼Tim Burton 감독이 이들을 본다면 당장 길거리 캐스팅을 하여 영화에 출연시킬 것 같다. 이 도시에서는 나쁜 것도 이상한 것도 없다. 자신이 존재하는 방식을 당당히 드러낼 뿐이다.

스웨덴의 조각가 카를 밀레스Carl Milles의 포세이돈 분수를 보고 싶어 호텔 로비에서 지도를 얻어 밖으로 나왔지만 여전히 스웨덴어 철자법은 생소하기만 했다. 이 분수는 미술관, 도서관, 콘서트홀 등이 몰려 있어 예테보리의 문화센터라 불리는 예타 광장Götaplatsen에 있는데, 구글맵도 없던 시절, 나는 어느 방향으로 가야 할지 막막해하고 있었다. 길에서 지도를 들여다보는 사람에게는 어김없이 구세주가 나타나는 곳이 북유럽이다. "도와줄까요." 열댓 살 정도의 앳된 얼굴을 한 소녀가 나에게 물었다. 행선지를 이야기하자 가는 방향과 이정표를 상세하게 알려주는 예테보리

파란 눈 소녀. 고마움을 표시하고 떠나려는 나에게 소녀가 말했다. “부모님이 여기서 한 블록 아래에서 성인용품점을 운영하고 있는데 이따가 혹시라도 살 물건이 있으면 우리 가게로 오세요.” 나는 어리둥절한 상태로 어색한 표정을 지을 수밖에 없었다.

불법이 아니라면 모든 것을 허용하고 즐길 수 있게 만든 스웨덴 사람들의 합리성이 좋아졌다. 감추어서 더 곪아 터진 사회보다는 모든 것을 드러내고 떳떳하게 이야기하는 사회야말로 더 건강해질 수 있다. 사회적 고정관념 때문에 부모님의 직업조차 창피해하는 한국 사회보다는 무엇을 하든 당당히 말할 수 있는 스웨덴 사회가 더 건강해 보임을 부정할 수 없었다.

당당하게 개성을 표출하고 싶은 사람들에게 예테보리 여행을 권한다. 개성이라는 이름의 당당함이 남을 배려하는 마음도 포함하고 있음을 배우게 될 것이다.

6

# 카탈루냐로 불어오는 자유의 바람

시체스

대도시를 조금만 벗어나면 대도시의 위용에 가려졌던 작지만 아름다운 도시들이 나타나기 시작한다. 대도시에서는 느낄 수 없는 한적함을 선물로 안겨주는 소도시들은 여행의 또 다른 묘미가 된다. 관광 대국의 면모를 제대로 갖춘 스페인은 큰 도시건 작은 도시건 언제나 여행객을 맞이할 준비를 하고 있다. 수도만 보고 홀연히 떠나고 싶은 나라들도 많지만 스페인은 인근 도시들까지 촘촘히 봐야 하는 나라다.

여행의 테마가 세분화되면서 소도시만 전문적으로 여행하는 사람들도 많아졌다. 소도시는 대도시를 부연설명해주는 친절한 해설서의 역할을 수행한다. 카탈루냐주는 바르셀로나로 대표되지만 바르셀로나는 인근의 몬세라트, 피게레스, 시체스가 있어서 더욱 빛이 난다. 예컨대, 몬세라트에서 영감을 얻은 가우디는 성가족 성당은 바르셀로나에 지었고, 피게레스 출신의 살바도르 달리는 바르셀로나에서 가장 왕성한 작품 활동을 했으며, 1992년 바르셀로나 올림픽의 주제곡을 바르셀로나 출신의 세계적 소프라노 몬세라트 카바예Monserrat Caballe와 함께 부르려 했던 프레디 머큐리Freddie Mercury는 시체스를 무척이나 사랑했다. ●

여행지에서 만난 사람들이 이구동성으로 좋게 평하는 시체스에 가는 날이었다. 운이 좋게도 내가 묵었던 호텔 건너편에 직행 버스가 있었다. 창밖으로 펼쳐지는 카탈루냐의 풍경을 즐기고 있자니 벌써 버스는 바르셀로나에서 남서쪽으로 35킬로미터 떨어진 인구 2만 7천 명의 작은 해변도시이자 부자도시라는 별명을 가진 시체스에 도착했다. 부자들은 자유를 찾아서 움직이는 속성을 가졌다. 그들은 자신들의 재산을 마음껏 쓰고 누릴 수 있는 곳으로 이동한다. 시체스에 사는 사람들의 표정은 언제나 무한자유에 취해 있는 듯하다. 도시의 성격은 그곳에 사는 사람들의 표정으로 드러난다. 시체스는 스페인 안에서도 부자들이 많이 살기로 정평이 나 있다. 항구에 정박한 화려하게 치장된 요트의 수는 부자들의 여유있는 표정을 확신시키는 매개체다. 이제 내 앞에는 시체스에 걸쳐져 있는 지중해의 자유밖에 없다.

매년 2월에 열리며 해학이 넘치는 공연으로 유명한 시체스 카니발, 10월에 개막하는 시체스 영화제도 빼놓을 수 없다. 시체스 영화제는 세계

3대 판타지 영화제로 한국 영화도 많이 출품되고 있다. 〈올드보이〉, 〈부산행〉, 〈곡성〉, 〈아가씨〉 등의 한국 영화가 이 영화제에서 호평을 받고 수상한 바 있다. 특히 6월과 7월 사이에 열리는 게이 프라이드는 시체스가 얼마나 자유로운 도시인지를 잘 알려준다.

2월 초인데도 한낮의 기온이 22도까지 올라가자 사람들은 옷을 훌훌 벗고 바다로 뛰어든다. 데리고 나온 반려견도 주인을 따라 함께 뛰어드는 걸 보니 동물마저 자유를 만끽하는 듯하다. 리조트가 보이는 쪽으로 발걸음을 옮기자 누드비치가 '문화충격파'를 강하게 쏜다. 그들에게는 당연한 일상이겠지만 여행가에겐 큰 파장을 안긴다. 시체스는 '스페인 모더니즘'의 발상지로도 유명하다. 시체스에서 불어오는 자유의 바람을 맞고, 피카소는 큐비즘Cubism의 창시자가 되었고, 달리는 초현실주의Surrealism의 거장으로 우뚝 섰다. 기존의 구태의연한 질서를 깨고 태어난 모더니즘은 이 도시의 모습과 많이 닮았다.

여행은 후진보다는 전진이 어울린다. 늦은 시간임에도 역으로 되돌아가지 않고 요트 앞에 있는 작은 바에서 레몬이 듬뿍 들어간 맥주를 시켰다. 이 도시의 냄새가 레몬처럼 상큼한 것 같아서.

● 1991년 11월 프레디 머큐리가 에이즈로 사망함에 따라 올림픽 주제곡 <Barcelona>는 사라 브라이트만과 호세 카를로스의 <Amigos Para Siempre>로 대체되었다.

No one is
more complete
than a person

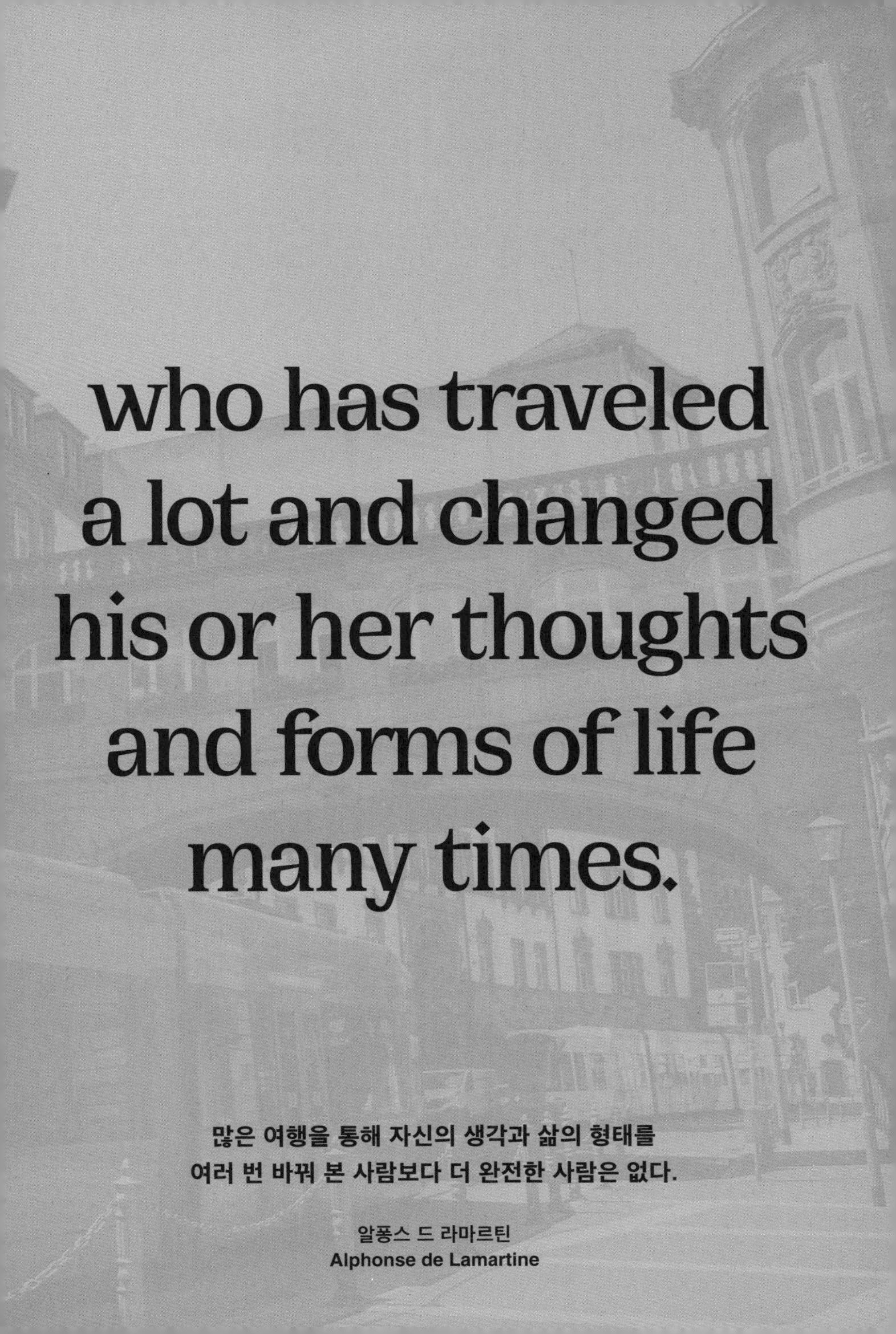

# who has traveled a lot and changed his or her thoughts and forms of life many times.

많은 여행을 통해 자신의 생각과 삶의 형태를
여러 번 바꿔 본 사람보다 더 완전한 사람은 없다.

알퐁스 드 라마르틴
**Alphonse de Lamartine**

# 9

## 도시의 분위기

# Atmosphere of City

Denver, U.S.A.

Fukuoka, Japan

Brisbane, Australia

Vancouver, Canada

Venice, Italy

Prague, Czech Republic

1

# 콜로라도 <Rocky Mountain High>

덴버

나는 미국 가수 존 덴버John Denver의 열렬한 팬이다. 그는 1997년 10월 비행기 사고로 유명을 달리하였지만, 맑은 멜로디와 서정적인 가사가 돋보이는 그의 노래를 아직도 즐기고 있다. 덴버의 노래는 한국의 목가 시인 신석정 선생님의 시를 닮았다. 고향의 아름다움을 찬미하고 산속에 묻힌 바위와 하늘의 구름을 여린 목소리로 연주했다.

덴버는 콜로라도주의 주도州都이다. 로키산맥 자락의 해발 1,609미터 위에 있는 '높은 도시'다. 미국의 대도시 중 가장 높은 도시라서 사람들은 마일 하이 시티Mile-high City라는 애칭으로 부른다. 해수면으로부터 정확히 1마일, 1마일은 1,609미터, 지극히 과학적인 별명이다. 덴버는 권위

있는 여행 잡지『트래블 앤 레저』가 선정한 '미국에서 가장 매력적인 도시 10곳'에 그 이름을 올렸다.

뉴멕시코주 출신의 가수 헨리 존 도이첸도르프 주니어Henry John Deutschendorf Jr.는 이름을 존 덴버로 바꾸었다. 존 덴버는 개명하면서 콜로라도를 찬양하는 가수로 거듭났다. 흥미로운 것은 그의 노래가 미국 두 개 주의 주가州歌로 사용되고 있다는 것이다. 한국인들에게 널리 알려진 〈Take Me Home, Country Roads〉는 웨스트 버지니아의 주가고, 〈Rocky Mountain High〉는 콜로라도의 주가다.

덴버는 음악계에 영향력이 있는 도시다. 몇 년 전 세계적으로 복고 음악의 광풍을 몰고 왔던 그룹사운드 '퀸Queen'은 덴버에서 북미대륙 첫 번째 공연을 했다. 퀸과 더불어 영국의 전설적인 헤비메탈 그룹인 레드 제플린Led Zeppelin도 덴버에서 첫 번째 북미 콘서트를 시작했다는 사실이 흥미롭다.

여름엔 서늘하고 겨울엔 온화한 덴버는 퇴직한 미국 샐러리맨들이 여생을 즐기고 싶은 도시로도 유명하다. 2014년에 이미 마리화나를 합법화할 정도로 자유스럽고, 빼어난 자연환경과 레저시설을 갖춘 '건강하게 편한' 도시다. 로키산맥 국립공원, 신들의 정원Garden of the Gods, 해발 4,302미터를 자랑하는 파이크스 피크Pikes Peak도 덴버에서 빼놓을 수 없는 명소다. 이탈리아의 건축가 지오 폰티Gio Ponti와 유대계 미국인 건축가 다니엘 리베스킨트Daniel Libeskind●가 설계한 덴버 아트 미술관Denver Art Museum은 덴버의 예술적 위상을 한층 더 올려놓았다.

1994년 4월 존 덴버는 환경보호 콘서트를 서울 올림픽 공원에서 열었다. 사전예매보다는 출입구 앞에 줄을 서서 표를 사던 시절, 그 당시로서는 거금을 투자하여 그의 콘서트를 관람했다. 서울 공연이 생전의 그를 볼 수 있었던 마지막 기회였다. 기독교인들은 인간의 생과 사는 하나님만이 정하신다고 믿는다. 스스로를 위안하는 최고의 방법이겠지만 그의 사망소식은 참으로 슬프고 안타까운 것이었다.

대도시를 벗어나고 싶은 사람들에게 덴버 여행을 권한다. 로키산맥에 드리운 높은 구름을 보는 것만으로도 생활의 활력을 다시 얻을 수 있을 것이다. 존 덴버의 음악을 들으며 덴버를 걷는다면 무심코 도심을 빠져나와 시골길로 향하고 있을지도 모를 일이다.

● 홀로코스트를 경험한 유대인 부모 밑에서 성장하였다. 이런 가족사 때문인지 그의 첫 작품은 52세나 되어 디자인한 베를린의 유대 박물관이다. 9.11테러로 무너진 뉴욕 세계무역센터를 재건하는 종합계획을 세운 건축가로도 유명하다.

ラーメン
本格焼酎
霧島
博多長浜
ラーメン やまちゃん
おでん
やきとり
ラーメン
ひでちゃん
牛タン
焼とり
博多
ラーメン
明太子
おでん

2

# 좋은 1위가 많은 아홉 번째 도시

후쿠오카

대도시의 부유한 지식인을 주된 독자로 하는 영국 잡지 『모노클 Monocle』은 후쿠오카를 세계에서 가장 살기 좋은 도시 10위에 올린 바 있다. '살기 좋은 도시'하면 일단 머릿속에 취리히, 비엔나, 밴쿠버, 코펜하겐, 헬싱키 등 유럽이나 북미에 있는 여유로운 도시가 떠오른다. 서울에 사는 사람으로서 도시 서울은 언감생심이다. 당연히 나의 편견이겠지만 아시아의 도시들은 10위권 안에 이름을 올릴만한 도시는 없어 보인다. 넘쳐나는 쓰레기와 교통문제, 매연과 인파人波 앞에서 삶의 질을 확보할 수 없다는 것이 내가 바라보는 아시아 도시의 현주소다. 그러나 일본에서 아홉 번째로 큰 도시인 후쿠오카는 당당히 그 이름을 올렸다. 일본에서 세 번째로 큰 섬 규슈에 위치한 후쿠오카福岡는 이름의 '복福'자만큼이나 여러 가지 면에서 복이 많은 도시다.

후쿠오카는 일본인이 뽑은 매력적인 지방 도시 1위에 선정되었다. 녹지가 도시의 절반 이상을 차지하고, 바다와 강이 지척의 거리에 있으며 범죄율은 일본에서 가장 낮은 수준이라는 것만으로도 충분히 이해가 된다. 국제공항이 도심에서 20분 거리에 자리 잡고 있으며, 온천도시 유후인, 일본의 베니스라 불리는 야나가와, 고즈넉한 산책길이 돋보이는 다자이후가 주변에서 관광객을 불러 모으고 있다.

후쿠오카에서 빼놓을 수 없는 지표는 일본 내에서 꼬치구이 점포 수 1위, 닭고기 소비량 1위, 포장마차 수 1위라는 것인데, 이곳이 얼마나 미식의 도시인지를 가늠할 수 있게 해준다. 특히 후쿠오카의 명물로 꼽히는 명란젓은 생산량 세계 1위를 자랑한다. 2위부터 5위까지의 지표들도 참 많지만 더 이야기하지 않아도 도시의 매력을 이야기하는 데 부족함이 없다.

여러 방송국의 인기 먹방 프로그램에 소개된 맛집이 아니더라도, 세계적인 가이드북에서 별 다섯 개를 받은 레스토랑이 아니더라도, 후쿠오카에서 즐겼던 음식들은 다시 생각이 날 만큼 맛이 좋았다. '무슨 역 몇 번 출구로 나와 도보로 몇 미터를 가면 나온다는 맛집으로 유명한 식당'도 많이 있었지만 굳이 찾아다니지 않았던 이유는 도시 속의 도시라 불리는 복합 상업 시설 캐널시티Canal City의 식당가에서 맛본 회전 초밥, 하루 종일

밖으로 나오지 않아도 될 만큼 긴 지하 상가에서 즐겼던 덮밥, 야식을 책임져 주는 길거리 포장마차에서 먹었던 라멘 등 모든 음식들이 나의 왕성한 식욕에 이미 큰 '복'을 내려주었기 때문이다. 일일이 검색하며 다니지 않아도 보편적으로 다 맛있는 도시가 후쿠오카다. 심지어 하카다역 안에 있는 '일 포르노 델 미뇽il Forno del Mignon'의 크루아상은 갈 때마다 긴 줄을 마다하지 않고 사 먹는다.

후쿠오카 사람들의 표정에는 여유가 흐른다. 길을 가다 우연히 눈이 마주쳐도 미소를 지어준다. 모든 것이 바쁜 듯 보이는 도쿄 사람들과 다르고, 해학적이기는 하나 자신들만의 색깔로 가득 찬 오사카 사람들과도 다르다. 일본에서 서양 문물을 가장 빨리 접했던 규슈 지방의 대표도시라서 그런지 개방적인 분위기도 있다. 맛과 멋, 식도락을 즐기고 삶의 질과 여유 있는 도시 감각을 느끼고 싶은 사람에게 후쿠오카 여행을 권한다. 인천공항에서 비행기로 한 시간이면 도착할 수 있다는 것도 빼놓을 수 없는 매력이다. 여행은 맛으로 시작해 멋으로 이어지고 다시 가고 싶은 여운을 남기면 그 자체가 행복이 아닐까 싶다.

3

# 강 위를 맴도는 산들바람

브리즈번

세금이 적재적소에 집행되어 나와 내 가족을 위해 쓰인다는 것을 몸소 느낀다면 조세저항이 훨씬 줄어들 것이다. 반면에 세금이 많은 이들의 공감대를 얻지 못한 곳에 낭비되거나 심지어 위정자들의 축재 수단으로 변질될 때, 사회적 신뢰는 무너지고 기회를 엿보던 이들까지 동참하여 탈세를 저지를 것이다. 신뢰는 인간 세상을 아름답게 유지시키는 마지막 보루다. 신뢰가 무너진 사회의 처참함을 역사는 생생히 보여주고 있다.

여러 도시를 방문하면서 느끼는 것이지만 필요한 곳에 필요한 것이 있는 도시는 우선 편리하고 아름답다. 시민의 입장에서 생각하고 시민을 배려한 느낌이 드는 도시는 흔치 않다. 승강기가 있어야 하는 곳, 점자 안

내가 필요한 곳, 쓰레기를 버릴 수 있는 곳, 어린이들이 안전하게 놀 수 있는 곳, 남녀노소 모두 휴식을 취할 수 있는 곳, 사람들은 이런 장소가 있는 도시에서 살기를 원한다. 오랜만에 이런 니즈를 한꺼번에 충족시키는 도시에 도착했다. 효율적이면서 아름답게 디자인되어 있는 도시, 브리즈번이다.

브리즈번은 1820년대 뉴사우스웨일스주 총독의 성姓을 따라 명명된 것이지만, 어감상으로는 '브리즈Breeze'를 연상시킨다. '산들바람'이라는 뜻의 '브리즈'가 '브리즈번'과 어울리는 이유는 상상했던 모습과 실제의 모습이 같은 방향으로 가고 있어서일 것이다. 시민들의 산들바람 브리즈번, 꽤나 그럴듯하다.

1930년 르네상스 양식으로 지어진 시청사는 브리즈번에서 가장 클래식하고 위풍당당한 건축물이다. 마천루처럼 높이 솟은 시청 시계탑의 높이는 92미터에 달한다. 타워에 올라 도시의 전경을 사진으로 담는 것을 좋아해서 시계탑 입장권을 판매하는 부스를 찾았다. 두리번거리는 나에게 안내 직원이 나타나 말했다. "입장료는 없으며 30분 간격으로 지정된 안내원이 투어를 진행하는 데 이것 역시 무료입니다." 무료라는 말이 달콤하게 반갑다. 무료의 혜택은 여행객을 가끔씩 춤추게 만드는 마력을 지녔다.

시계탑을 오르는 철제 승강기는 지금도 열쇠를 넣고 돌려야만 작동되는 수동방식이다. 이런 것을 보게 되면 시간에 대한 착시현상이 발생한다. 예컨대, 역사학자 에릭 홉스봄Eric Hobsbawm이 말했던 '만들어진 전통' 같은 것이다. 1930년에 건축된 건축물임을 이미 알고 있는데도 마치 수백 년 전의 것처럼 다가온다. 무형의 시간을 착시한다니 지극히 공감각적이다.

도시의 품질은 휴식 공간의 유무에 따라 결정된다. 질 높은 휴식은 근로자의 생산성을 높일 뿐만 아니라 복지의 다른 이름이다. 브리즈번의 복합테마단지 사우스뱅크 파크랜드Southbank Parkland는 시민을 위한 휴식처의 교본이라고 부르고 싶다. 브리즈번강 바로 앞에 인공 해변을 만들어 누구나 이용할 수 있게 해놓았고, 음식을 조리할 수 있는 시설도 갖춰 놨다. 잘 정돈된 잔디 위에는 '출입 금지', '잔디 보호'란 이상한 푯말이 없어 사람이 잔디를 보호하는 것인지 잔디가 사람을 보호하는 것인지 고민할 필요가 없다. 그저 앉는 곳이 쉴 곳이다.

호주 제3의 도시 브리즈번은 도시의 역할을 명확히 보여준다. 첫째, 도시의 구성원들에게는 안식을 제공하고, 둘째, 도시에 방문하는 사람들에게도 최고의 편리를 제공한다. 안식과 편리는 모두에게 산들바람이 된다. 도시의 품질과 품격을 동시에 느끼고 싶은 사람들에게 브리즈번 여행을 권한다. 여행 중에 산들바람이 분다면 도시이름 브리즈번을 다소곳이 불러주면 좋겠다.

4

# 천혜의 자연이 빛을 발하는 녹색도시

밴쿠버

밴쿠버는 천혜의 자연이 살아 숨 쉬는 녹색도시다. 'UN이 선정하는 살기 좋은 도시' 1위를 여러 번 차지한 바 있다. 밴쿠버는 도시가 생성될 무렵부터 인간에게 쾌적한 녹색도시를 표방하며 디자인되었다. 최고봉의 높이가 5,959미터에 달하는 코스트산맥Coast Ranges은 밴쿠버를 병풍처럼 휘감고 내려간다. 이 장대한 산맥은 산소탱크처럼 맑은 공기를 뿜어내고, 태평양에서 불어오는 상쾌한 바람과 함께 밴쿠버를 언제나 청정하게 만든다.

브리티시컬럼비아주의 밴쿠버는 온타리오주의 토론토, 퀘벡주의 몬트리올에 이어 캐나다에서 세 번째로 큰 도시다. 주도州都는 약 10만 명의 인구를 가진 빅토리아지만, 밴쿠버는 인구가 65만 명에 달하는 대도시로서 캐나다 서부에서 가장 큰 경제력을 보유하고 있다.

밴쿠버처럼 공원이 많은 도시도 드물다. 도시 외곽의 전원주택 단지를 걷고 있는 것처럼 나무와 꽃이 많다. 세계적인 여행 잡지 『콩데 나스트 트래블러Conde Nast Traveler』를 포함한 수많은 매체들이 왜 밴쿠버를 '세계에서 가장'이라는 수식어를 붙여 묘사하는지 하루만 거닐어 봐도 알 수 있다. 명불허전이라는 한자성어는 밴쿠버에서 제대로 된 주인을 만난다.

수많은 공원 중 밴쿠버에서 가장 돋보이는 곳은 단연 스탠리 공원Stanley Park이다. 스탠리 공원은 원래 아메리카 원주민이 사냥을 하던 삶의 터전이었지만 신대륙으로 건너온 백인들에게 1년에 1불이라는 헐값에 임대된 후, 군사 기지 등 여러 용도로 사용되다가 1888년 일반 시민들에게 공개되었다. 밴쿠버라는 도시이름이 18세기의 탐험가 조지 밴쿠버George Vancouver의 이름을 따서 만들어졌듯이 스탠리 공원도 캐나다의 6대 총독이었던 프레데릭 스탠리Frederick Stanley의 이름에서 따왔다.

밴쿠버에 정착한 초기부터 돈을 벌기 위한 리조트나 상업용 빌딩을 짓지 않고 공원을 최우선으로 배치한 것은 자연과 인간의 공존을 실험한 것이었다. 많은 글로벌 도시들이 21세기에 들어 지향하고 있는 지속가능한 도시의 개념을 밴쿠버는 일찌감치 도입했다. 쾌적하고 안전한 도시는 모던과 소통하는 전통, 자연과 공존하는 사람, 자연과 사람 모두에게 이로운 시스템을 기반으로 완성된다. 밴쿠버는 과거에 도시 설계의 개념을 만들었고, 현재는 구체화된 방법으로 실행하고 있으며, 미래에도 세계에서 가장 살기 좋은 도시로 그 명성을 유지할 것이라고 예상한다.

국가이름 캐나다Canada는 원주민의 말로 '촌락'을 의미하는 카나타Kanata에서 유래되었다. 캐나다에 있는 수많은 촌락 중 밴쿠버는 가장 아름다운 촌락의 전형을 앞으로도 오랫동안 보여줄 것이다. 촌락이 도시로 커가면서 원래의 의미를 잃어버리고 거대한 탐욕의 부작용들로 채워지는 것을 목도해 온 인류에게 밴쿠버는 많은 것을 시사해준다.

심신이 지친 사람들에게 밴쿠버에서 '한 달 살기'에 도전해 볼 것을 권한다. 깨끗한 자연이 지친 마음과 몸을 회복시켜 줄 것이다. 아울러 도시행정가들에게 밴쿠버 탐방을 권한다. 도시의 존재가치를 몸으로 체험할 수 있을 것이다. 천혜의 자연이 녹색빛을 발하는 도시 밴쿠버가 시민을 위해 무엇을 먼저 해야 할지 방안을 알려 줄 것이다.

5

# 바다 위에 채색해놓은 섬마을

베네치아

이 도시를 거니는 것은 꿈속에서 일어나는 일처럼 몽환적이다. 섬과 섬을 잇는 작은 다리를 건널 때마다 약속된 땅 '가나안●'으로 들어가는 것처럼 마음이 설렌다. 다리 밑을 쉼 없이 지나가는 곤돌라Gondola는 새로운 도시로의 입성을 축하하는 흔들리는 장식처럼 보인다. 이탈리아 말로 곤돌라는 '흔들리다'라는 뜻이니까 나의 순간적 감상感傷이 그리 빗나간 건 아니다. 여행을 하면서 과장법이 많이 늘었다. 가보지도 않은 상상 속의 땅인 가나안을 베네치아에서 꺼내 놓는다.

유럽의 어느 곳에도 바다 위에 건설되어 이처럼 장관을 연출하는 도시는 없다. 스위스와 오스트리아를 거쳐 '베니스'라는 이름으로 더 잘 알려진, 이탈리아 베네토Veneto주의 주도 베네치아Venezia에 들어섰다. 운하가 많은 도시를 '동양의 베니스', '북유럽의 베니스', '남미의 베니스'라는 식으로 표현하는 것을 보면 베네치아는 '물의 아우라'를 지녔다.

베네치아는 한때 해상무역을 싹쓸이했을 정도로 지정학적인 요충지였다. 그러다 보니 유럽의 모든 금융자본은 베네치아로 유입되었다. 이런 상황에서 돈을 주무르는 세력은 역시 유대인이었다. 여러 국가 사람들이 집단으로 모여 사는 장소 중에서 특히 유대인들이 집단으로 거주하는 지역을 게토Ghetto라고 불렀는데, 이 말은 베네치아에서 처음으로 사용되다가 다른 지역으로 전파되었다고 한다. 얼마나 많은 유대인이 살았었나를 짐작할 수 있다.

돈은 대부업을 번성시켰고, 그 결과 고리대금의 폐해가 속출했다. 윌리엄 셰익스피어의 명작 『베니스의 상인』은 결코 우연히 탄생한 작품이 아니었다. 작품의 주인공 샤일록은 돈을 얻기 위해서라면 사람의 목숨마저 탐하는 음흉하고 사악한 베네치아 유대인 상인의 이미지를 지금껏 대변하고 있다.

베네치아는 다른 지역에 비해 물가가 월등히 비싸다. 영수증을 꼼꼼히 확인하지 않으면 주문하지도 않은 음식값을 바가지 씌우는 상혼商魂도 생겼다. 대문호의 작품에 나왔던 유대인의 상술이 현대적으로 변형된 것 같은 느낌이었다.

<사계>로 유명한 작곡가 안토니오 비발디Antonio Vivaldi의 생가를 보

고, 나폴레옹 황제가 '유럽에서 가장 우아한 살롱'이라고 표현한 산마르코 광장San Marco Piazza에 다다랐다. 광장을 우아한 살롱으로 표현하다니, 참 멋있고 간결한 표현이다. 황제의 느낌과 나의 공감은 비슷하게 수렴하며 시대의 차이를 극복한다. 베네치아의 다리를 건너면서 가나안으로 들어가는 것 같다고 묘사한 나나 성당 앞 광장을 우아한 살롱 같다고 표현한 나폴레옹 황제나 과장법의 세계는 시대를 막론하고 비슷하다.

지구 온난화의 영향으로 베네치아가 서서히 물속으로 가라앉고 있어 건축가와 도시행정가들이 대책 마련에 고심하고 있다고 한다. 시간이 많이 흘러 베네치아가 완전히 물에 가라앉는다면 어떻게 베네치아를 그려야 할지 잠시 상심에 젖는다.

● 지리적으로는 현재의 팔레스타인 서부지방을 지칭하지만 신이 유대인들에게 약속한 낙원을 의미한다. 다른 비유적인 표현으로 이상향을 뜻한다.

6

# 동유럽 최고의 존재감

프라하

프라하의 봄. 학창시절, 도시 프라하를 프라하가 아닌 '프라하의 봄'으로 기억했다. 방점이 도시에 있지 않고 '봄'이라는 상징어에 찍혔다. 겨울이 아닌, 봄이 쓰인 이유는 체코슬로바키아의 민주화 시기가 있었지만 좌절되었다는 것을 반어적으로 표현하고 있기 때문일 것이다. 민주화가 성공했더라면 프라하의 봄이라는 말은 탄생하지 않았을 것이다. 봄은 수식어가 붙을 때 종종 반어적으로 사용된다. 마치 이상화 시인의 「빼앗긴 들에도 봄은 오는가」에서 봄은 강렬하게 바라지만 현실적으로 올 수 없는 존재인 것과 비슷하다. 체코의 지성 밀란 쿤데라Milan Kundera의 소설 『참을 수 없는 존재의 가벼움』을 원작으로 만든 영화 〈프라하의 봄〉은

1989년 한국에서도 개봉되어 큰 반향을 일으킨 바 있다.

프라하를 빼놓고 동유럽의 도시를 이야기할 수 있을까. 프라하를 동유럽에서 가장 아름다운 도시라고 말해도 이의를 제기할 사람은 많지 않을 듯싶다. 지역을 대표하는 도시를 열거할 때, 남유럽에 로마가 있고 서유럽에 파리가 있고 북유럽에 코펜하겐과 스톡홀름이 있다면 동유럽에는 단언컨대 프라하가 있다. 약 140만 명이 사는 프라하는 유럽연합국가 중 열네 번째로 인구가 많은 도시다.

20대 후반, 프라하를 처음으로 여행했다. 그 이후로도 여러 가지 이유로 프라하를 참 많이도 갔다. 프라하를 계절별로 여행했다. 에어컨이 없던 호텔에서 비지땀을 흘렸던 여름에도, 폭설이 내려 시내에서 공항으로 이동할 때 비엔나로 가는 비행기를 놓칠까봐 안절부절하며 식은땀을 흘렸던 겨울에도 갔다. 변하지 않는 사실은 계절별로 옷을 갈아입는 프라하는 언제나 아름다웠다는 것이다. 로마네스크, 고딕, 바로크 등 다양한 프라하의 건축 양식은 계절의 변화와 더불어 도시를 빛나게 한다.

부다페스트 세체니 다리에 필적하는 프라하의 카를교Charles Bridge. 총 서른 개의 다리 위 조각상은 성경에 나오는 성인이거나 역사적으로 유명한 위인이다. 그중 고해자의 성인으로 통하는 네포무크Nepomuk 신부의 조각상이 가장 인기가 좋다. 불륜을 저지른 왕비의 고해성사를 왕의 질문에도 끝까지 발설하지 않아서 혀가 잘리고 강으로 던져졌다는 신부의 이야기에 많은 사람들이 감동한다. 며칠 후 강물 위로 떠오른 그의 시신은 프라하 성의 비투스 대성당St. Vitus Cathedral에 묻혔다. 연간 약 1억 명의 여행객이 찾아온다는 카를교는 이런 스토리텔링을 품은 채 그들의 무거운 체중을 잘도 버텨낸다.

체코의 상징 프라하 성, 매 시각 인형들이 나와 종을 울리는 천문시계, 이 세상에서 가장 아름다운 도서관 클레멘티눔Klementinum, 민주화 운동의 성지인 바츨라프 광장Wenceslas Square은 프라하의 보배들이다.

체코와 슬로바키아가 분리되기 이전인 1989년 바츨라프 하벨Vaclav Havel● 은 프라하의 봄을 좌절시킨 공산정권을 무너트리고 새로운 지도자로 선출되었다. 2011년 타계한 그는 통찰력을 가진 지도자로서 체코를 정치, 경제, 문화적으로 발전시켰다.

프라하를 어두웠던 과거가 아닌, 영화의 제목이 아닌, 도시로서 인식하기 시작했다. 프라하는 동유럽 최고의 존재감을 자랑하는 도시다. 유럽을 여행하는 모든 사람들에게 권한다.

● 민주화된 체코슬로바키아의 마지막 대통령인 동시에 슬로바키아와 분리된 체코공화국의 첫 번째 대통령이다. 원래의 직업은 극작가였다.

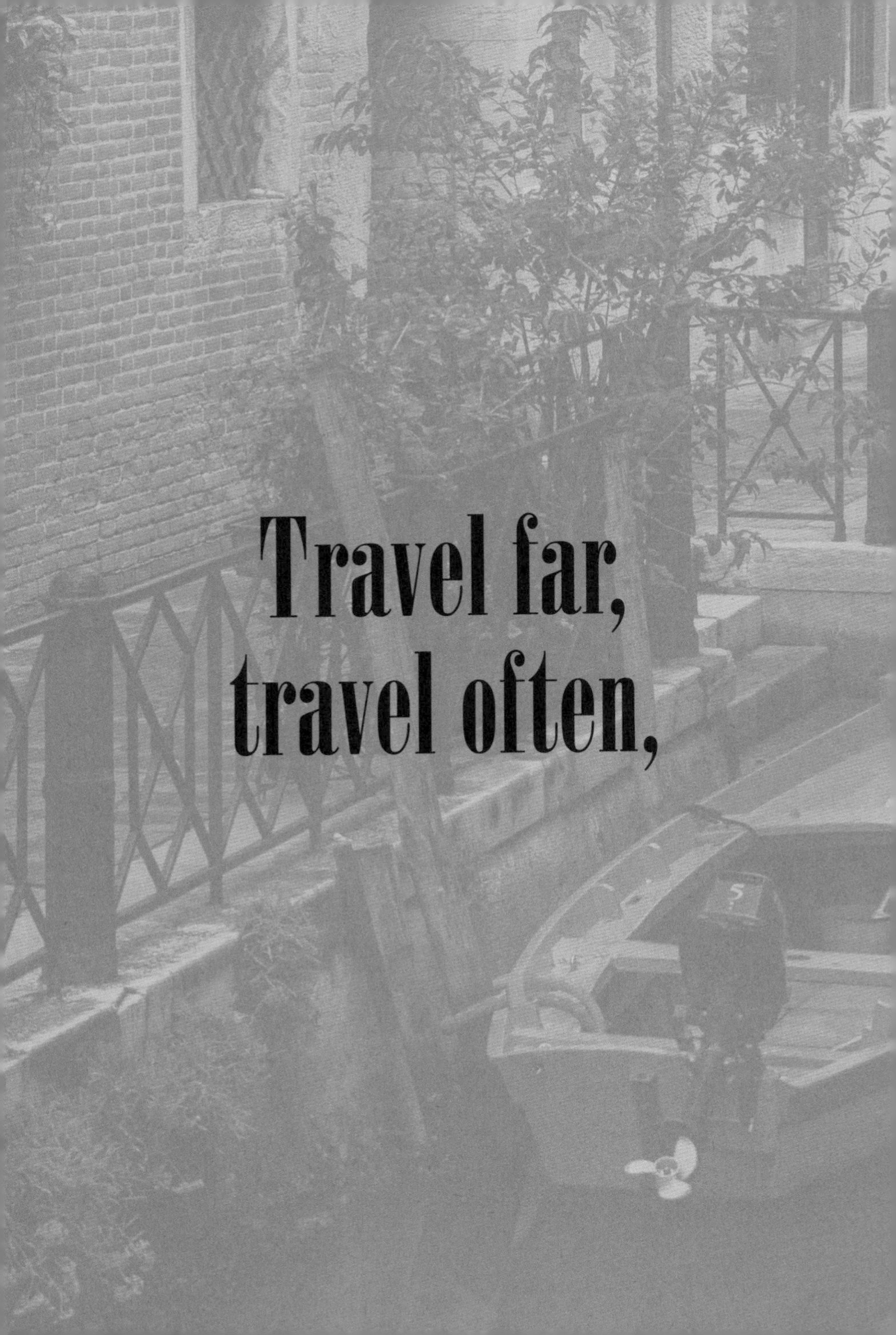

Travel far,
travel often,

# and travel without regrets.

멀리 여행하고, 자주 여행하며,
후회 없이 여행하라.

랄프 월도 에머슨
**Ralph Waldo Emerson**

# 10

## 자유와 평화

# Freedom and Peace

Zurich, Switzerland

Chicago, U.S.A.

Haifa , Israel

Santiago, Chile

Auckland, New Zealand

# 1

# 개혁의 신선한 공기에 취하리

취리히

울리히 츠빙글리Ulrich Zwingli는 취리히의 상징과 같은 그로스뮌스터 대성당Grossmünster Catedral에서 타락해버린 종교의 개혁을 설파했다. 그는 국민 위에 군림하는 성직자들이 자기 멋대로 정해 놓은 '사적' 교리가 아닌, 성서에 근거하여 행동할 것을 주장했다. 츠빙글리는 비록 카펠 전투에서 종군목사로 활동하다 47세의 젊은 나이에 전사하였지만, 그의 사상과 행동강령은 요한 불링거Johann Bullinger로 이어져 스위스를 종교개혁의 중심지로 만드는 데 크게 기여하였다.

수도 베른과 카펠 다리로 유명한 루체른을 거쳐 개혁의 도시 취리히에 도착했다. 개혁, 그것은 공기처럼 필요한 존재다. 눈에 보이지 않아서 그 가치를 망각하기도 하지만 없으면 개인뿐 아니라 조직도 타락하고 퇴보한다. 말로만 외치는 개혁이 아닌 몸소 실천하여 성공시킨 개혁은 신선한 공기처럼 우리의 몸과 마음을 정화시킨다.

취리히는 오스트리아 빈과 더불어 매년 세계에서 가장 살기 좋은 도시로 선정되어 왔다. 자연과 인간이 어우러지는 생태도시임은 물론이며, 수많은 인재를 배출하는 도시로도 명성이 높다. 'ETH Zurich'로 불리는 취리히 연방공과대학이 배출한 노벨상 수상자가 22명에 이른다니 요즈음 식으로 표현하면 '말잇못'이다. 재미있는 것은 인류 역사상 천재 중의 천재였던 아인슈타인이 첫 번째 입학시험에서는 낙방을 하고 재수 끝에 들어온 곳이 이 대학의 물리학과라는 사실이다. 아인슈타인에게 낙방의 쓴 잔을 따라준 대학교, 노벨상 22명을 배출할 만하다.

중앙역 근처에 세워진 근대교육의 아버지 요한 페스탈로치Johann Pestalozzi의 동상이 아직도 교육을 통한 사회개혁을 외치고 있는 듯 보였다. 조삼모사식의 거짓개혁은 스위스에서는 설 땅이 없다. 거짓개혁이야말로 국민을 우롱하는 악행이다. 종교개혁가와 교육개혁가의 도시를 나는 여행하고 있다. 취리히는 군더더기를 없애고 필요한 것을 꼭 필요한 곳에 배치한 행정가들의 숙고가 돋보이는 도시다. 도시행정은 시민의 편리를 위해 존재할 뿐 시민 위에 군림하지 않는다.

중앙역에서 20분 정도 남쪽으로 걸어 내려와 알프스산맥의 만년설 봉우리를 감상할 수 있는 취리히 호수로 이동했다. 호수까지 연결되는 널찍한 길을 사람들은 '반호프 거리Bahnhofstrasse'라 부른다. 승용차는 다닐 수 없고 전차만이 보행자를 안전하게 실어 나른다. 불법 노점도 허용되지 않는다. 이곳에서는 걷는 권리가 무엇보다 중요하다. 사람이 자동차를 피해 다니는 도시와 모든 권리가 사람에게 먼저 돌아가는 도시는 삶의 질이 다르다. 개혁의 최대 수혜자는 인간이어야 함을 도시 취리히는 실천하며 말하고 있다.

말로만 외쳐대는 무책임한 언어유희가 아닌 진정한 개혁의 원류를 느끼고 싶은 사람들에게 취리히 여행을 권한다. 몸으로 흡입하는 공기는 말할 것도 없고 정신으로 흡입하는 진정한 '개혁의 공기'를 맛볼 수 있을 것이다. 지금 개혁을 외치는 자, 실천만이 정답임을 취리히는 조언한다.

W WACKER DR
240 N

# 2

# 힘찬 자유의 바람이 마천루 위에 드리우는

시카고

밀턴 프리드먼Milton Friedman, 프리드리히 하이에크Friedrich Hayek, 조지 스티글러George Stigler, 프랭크 나이트Frank Knight. 경제학도가 아니더라도 TV나 신문 등 여러 언론매체에서 듣거나 봤던 이름이다. 이 거장들의 공통점은 하나다. 이들 모두 시카고대학교 출신이며 신자유주의 경제학의 심장인 시카고학파Chicago School를 구성하는 주요인물이라는 것. 시카고대학교는 1892년 개교한 이래 지금껏 백 명에 달하는 노벨상 수상자를 배출했다. 도시이름 시카고는 원주민 말로 '야생 마늘'을 의미하지만 현대에서는 이미 학파를 규정하는 수식어가 되었다.

미국 동부의 여러 도시와 비교했을 때 상대적으로 짧은 역사를 가진 시카고는 폭풍성장을 거듭해 미국 제3의 도시가 되었다. 시카고에는 학문에 대한 무한 열정과 모든 것을 마음껏 펼칠 수 있는 자유주의 사상이 흐르고 있다. 자유주의에서 가장 중요한 것은 사회와 집단이 아닌 개인이다. 자신의 능력을 발휘하고 맘껏 표현할 수 있는 것이 자유주의의 본질이다. 이런 면에서 미국 최초의 흑인 대통령 버락 오바마Barack Obama의 정치적 고향이 시카고인 것은 우연이 아닐 것이다.

시카고는 바람이 많이 불어 '윈디시티Windy City'라는 애칭을 가지고 있다. 바람이 혁신을 거부하는 체제를 모두 날려버릴 듯이 세차게 분다. 시카고의 마천루는 대단히 견고하고 화려하다. 1974년부터 1998년까지 세계 최고층 건물이었던 윌리스 타워Willis Tower와 전망대로 유명한 존행콕 센터John Hancock Center 등 수많은 고층빌딩은 현대 건축의 교과서라 불린다. 고층빌딩에 있어서 뉴욕 맨해튼과 '맞짱'을 뜰 수 있는 미국 유일의 도시다.

하지만 시카고에도 '흑역사'는 존재한다. 1920년대부터 약 20년간 알 카포네Al Capone● 로 대표되는 마피아의 소굴이었다. 오대호를 중심으로 밀주를 불법으로 유통하며 거대한 폭력조직의 두목이 된 알 카포네는 '밤의 대통령'으로 불리며 시카고의 암흑세계를 지배했다.

영화 〈박물관이 살아있다〉촬영지로도 유명한 필드 박물관The Field Museum은 미국 3대 자연사 박물관으로 평가받는다. 이곳에서 미국 식민지 시대 흑인 노예의 실생활을 정교하게 재현해 놓은 특별관을 관람했다. 1860년대 미국의 노예는 그 수가 4백만 명에 달했다. 노예에게 육체적 고통을 주기 위해 사용되었던 고문 기구들을 보고 있자니 인권 국가라 자칭하는 현재 미국의 모습이 잠시 흐려졌다. 미국은 가장 최근까지 노예제를 운영했던 근대국가였다. '노예제'와 '근대국가'라는 개념이 머릿속에 묘한 불일치를 잔상처럼 드리운다. 역사란 승자의 기록이라고 말할 수도 있겠지만, 한편으로는 스스로 잘못된 것을 반성하고 더 나은 방향으로 발전하려는 속성을 지녔다. 눈앞에 보이는 물질명사 '고문기구'가 눈에 보이지 않는 추상명사 '민주주의'를 설명하기에는 무리가 있어 보였다. 한 시기의 역사로 또 다른 시기의 역사를 설명하는 것은 참으로 어려운 일이 아닐 수 없다.

시카고대학교 캠퍼스에서 자유주의 사상에 빠져보고 싶은 사람들에게 시카고 여행을 권한다. 도시가 가진 자유와 성장의 에너지를 느낄 수 있을 것이다. 시카고에서 부는 바람은 스산한 바람이 아니라 에너지가 넘치는 열정의 바람이다.

● 이탈리아계 미국인으로 뉴욕시 브루클린에서 태어났으나 시카고로 본거지를 옮겨 잔혹한 범죄행위를 일삼았다. 미국 정계에까지 영향력을 과시할 정도로 암흑세계의 대부로 군림했다. "단순히 친절한 말을 하는 것보다는 친절한 말과 총을 동시에 가지면 더 많은 것을 할 수 있다."라는 말은 지금도 회자되는 그의 말이다.

3

# 평화를 갈구하는 미항의 숨소리

하이파

이탈리아의 나폴리, 브라질의 리우데자네이루, 호주의 시드니는 세계인이 알아주는 미항이다. 여기에 일본의 고베, 네덜란드의 로테르담, 그리고 한국의 부산까지 열거하면 항구의 아름다움을 견주는 대전을 벌이고도 남는다. 여행자는 항구에서 코르크에 배인 와인 향기를 느끼는 것처럼 도시의 냄새를 맡는다.

그동안 여행했던 항구 도시 중 하이파를 미항의 으뜸으로 올리는 데 주저하지 않는다. 카르멜산Mt. Carmel 위에 있는 엘리야의 동굴Elijah's Cave을 보러 왔지만 미국 MIT공대와 견주어도 꿀림이 없는 이스라엘 IT 스타트업의 산실 테크니온이스라엘공대Technion-Israel Institute of Technology를 가보고 싶은 마음도 컸다. 지중해에서 불어오는 맞바람을 즐기며 차를 몰아 이스라엘에서 세 번째로 큰 도시 하이파로 이동했다. 유럽에 비해 도시간 대중교통이 발달하지 않은 이스라엘에서 렌트카로 여행하는 것은 색다른 묘미이자 효율적인 선택이었다.

엘리야Elijah는 구약성서에서 가장 중요한 선지자 중 한 명이다. 바알Baal 신을 숭배하는 아합Ahab 왕과 이세벨Jezebel 왕비의 악행에 당당히 맞서 승리를 쟁취한 영웅이다. 그가 바알 신 추종자의 맹공에 몸을 숨겼던 동굴 앞에 나는 서 있다. 성경의 역사를 기록하는 사람이 된 듯 감격스럽고 몽롱하기까지 했다. 어릴 적 동네교회의 '유년성경학교'에서 배웠던 바로 그 엘리야가 있었던 곳이다. 예루살렘 히브리대학교 건너편에 펼쳐진 겟세마네 동산은 있는 듯 없는 듯했는데 엘리야의 동굴은 그야말로 성지처럼 다가왔다. 공부하는 예루살렘은 일상이고 여행하는 하이파는 특별함이었다. 장소에 투영된 일상과 특별함이 이런 느낌으로 공부와 여행을 구분지을 줄이야.

엘리야의 동굴은 기독교, 유대교, 이슬람교가 모두 신성시하며 같이 예배드리는 몇 안 되는 장소 중 하나다. 엘리야는 히브리어로 '나의 하나님은 야훼이시다'라는 뜻이다. 엘리야는 평생 하나님만 믿으며 봉사한 사람이었다. 그는 모세와 더불어 구약시대를 대표하는 지도자였다. 동굴에서 평화를 갈구했던 엘리야의 힘이 느껴졌다.

하이파를 더 의미 있게 해주는 장소는 바하이교Bahaism 사원이다.

페르시아인 바하울라Bahaullah는 19세기 중엽 이 세상 모든 종교 간의 반목을 거부하며 인종적, 종교적, 계급적 편견을 타파하는 단일종교를 창시했다. '바하울라'는 아랍어로 '하나님의 영광'을 의미한다. 바하이교는 힌두교, 이슬람교, 기독교, 불교 등의 모든 종교에서 주장하는 선善을 채택했다. 테러가 빈번히 발생하고 있는 이스라엘의 현실에서 바하이교는 200여 개 나라에 이미 전파되어있다. 그런 바하이교의 교리는 설득력이 있다. 세계적으로 약 7백만 명의 신도를 보유한 바하이교의 총 본산이 하이파의 카르멜산 중턱에 아름다운 자태를 자랑하며 서 있다. 여러 종교의 장점만을 취했다는 것이 허황된 꿈처럼 보일 수도 있겠지만, 남녀평등과 인류의 단일성을 주창한 것은 현재 지구촌 각지에서 벌어지고 있는 인종 간 갈등과 반인륜적 전쟁에 호소하는 바가 크다.

하이파에는 평화를 갈구하는 선지자의 숨결이 담겨있다. 평화의 진정한 의미를 알고 싶은 사람들에게 하이파 여행을 권한다. 서로 다른 종교를 믿는 사람들이 평화롭게 살 수 있음을 볼 수 있다. 도시의 역사를 보며 말뿐인 평화는 의미가 없음도 알 수 있을 것이다.

4

# 안데스산맥 너머 야생화

산티아고 데 칠레

베네수엘라에서 시작하는 안데스산맥Cordillera de Los Andes은 콜롬비아를 거치고 에콰도르, 페루, 볼리비아를 지나 칠레의 최남단까지 이어진다. 총 길이는 7,000킬로미터에 달하고 최고봉은 해발 6,000미터가 넘는다. 그래서 안데스산맥을 남미대륙의 등뼈라고 표현하는 사람도 있다. 남미의 등뼈 위에서 잉카문명은 스페인 정복자들이 침입하기 전까지 수 세기에 걸쳐 번영을 구가했다. 그러나 잉카제국의 8만 대군은 곤살로 피사로Gonzalo Pizarro의 무리 168명에게 무참히 패배하고 1533년 역사의 뒤안길에 '문명의 운명'을 묻었다.

남미대륙은 아무나 범접할 수 없는 안데스산맥에 의해 아마존으로 대표되는 동쪽 지역과 태평양을 바라보는 서쪽 지역으로 양분된다. 동시에 이 웅대한 대간은 에너지 문제로 늘 앙숙인 칠레와 아르헨티나의 국경을 자연스럽게 그어준다. 칠레가 우파정권이 오랫동안 득세한 반면, 아르헨티나에서는 좌파정권이 꾸준히 이어지고 있는 것을 보면 산맥은 사람의 기질, 사상, 체제를 바꾸는 요인일 수도 있겠다. 그러나 산맥이 아무리 길고 높다 한들 하늘 아래 존재하는 한갓 '뫼'일 뿐이다. 남미에는 이질적인 것도 있지만 동질적인 것도 참 많다.

비행기 창밖으로 안데스산맥을 조망할 수 있는 것은 커다란 경험이자 행운이다. 아르헨티나 부에노스아이레스를 거쳐 칠레의 수도 산티아고 데 칠레Santiago de Chile에 도착했다. 길쭉한 칠레의 한 가운데쯤에 자리잡고 있어 '칠레의 배꼽'이라는 별명을 가진 도시다.

남미 여행의 걱정거리는 치안이다. 소매치기는 애교 수준이고 강력범죄도 수시로 벌어진다. 그럼에도 산티아고 데 칠레는 다른 남미의 도시보다 비교적 안전했다. 17년간의 피노체트Pinochet 독재정권이 시행했던 사회정화운동의 효과라고 한다. 수천 명의 정적을 살해하고 고문을 자행했던 독재자가 나에게 준 혜택이 치안이라니 할 말이 없었다.

'산티아고'라는 지명은 스페인과 중남미의 여러 나라에도 존재하기 때문에 공항에서는 반드시 행선지가 '산티아고 데 칠레'임을 밝혀주어야 한다. 9.11 테러 이후 공항 보안검색이 강화되어 지금은 일어날 수 없는 일이지만, 2001년 이전엔 '페루에서 산티아고행 비행기를 탔더니 쿠바의 산티아고Santiago de Cuba에 내렸다'는 경험담도 공유된 적이 있다.

산티아고 데 칠레는 남미에서 가장 현대적인 도시로 꼽힌다. 프로비덴시아Providencia 지구의 고층 빌딩은 국경을 맞대고 있는 아르헨티나, 볼리비아, 페루보다 칠레가 훨씬 잘살고 있음을 보여준다. 정복자 발디비아Valdivia가 원주민을 효과적으로 학살하기 위해 건설했다는 산타루시아 언덕Cerro Santa Lucia의 요새는 관광 명소가 되었지만, 문명을 파괴한 자들의 탐욕과 악행은 아직도 그 잔인한 여운을 풍기고 있는 듯했다. 행인과 거리의 악사로 북적이는 아르마스 광장Plaza de Armas은 스페인에 있는 도시와 판박이였다. 침략자 스페인이 없애버린 토착문화는 무엇이고 이식해놓은 것은 무엇인지 혼란스러웠다.

병풍 같은 안데스산맥에서 불어오는 바람이 가해자를 용서하는 것처럼 포근했다. 아무도 돌봐 주지 않았지만 스스로 강인하게 피어난 야생화 같은 도시의 모습이 보였다. 칠레의 산티아고가 잡초가 아닌 꽃인 이유는 침략과 독재의 아픔을 넘어 거대한 산맥 너머에서 향기를 발하고 있기 때문이리라.

5

# 탕아타 훼누아의 혼이 살아 있는



와이셔츠를 삼사일 동안 계속 입고 다녀도 깃이 더러워지지 않는다는 말이 있을 정도로 뉴질랜드는 청정하다. 나라이름에 괜히 'New'라는 말이 있는 것이 아니었다. 뉴질랜드에서 가장 큰 도시 오클랜드에 도착하자마자 아무것도 혼합하지 않은 순수한 맛의 공기가 나의 혼을 흔들어 깨운다. 국가명칭에 'Land'가 들어가는데 가장 큰 도시이름에도 'Land'가 들어가는 것을 보면 북섬과 남섬으로 이루어진 이 나라에선 땅이란 참으로 귀중한 의미를 가진 듯하다.

작열하는 태양 빛에 피부를 그을리며 한여름의 크리스마스를 즐기는 모습은 영상 속에서 간혹 봤었지만 습한 장마와 삼복더위가 기승을 부리는 한국의 여름에 계절이 정반대인 남반구의 섬나라로 내려와 가파른 슬로프에서 스키를 즐기게 될 줄은 미처 상상하지 못했다. 기계로 흩뿌리는 인공적인 눈이 아닌 자연이 만들어 준 눈 위를 질주하는 짜릿한 기분은 북반구 출신인 나에게 남반구의 뉴질랜드가 선사하는 최고의 선물이 되었다. 좋은 품질의 와인으로 유명한 이 와인 강국에서 애주가인 나는 매일매일이 행복했다. 맛은 대단히 훌륭하나 가격은 너무도 착한 '신의 물방울'을 오클랜드에서 한없이 즐겼다. 가성비라는 말의 뜻을 뉴질랜드 와인으로부터 체험하고 배웠다.

뉴질랜드 최대도시이자 경제의 중심지인 오클랜드에는 볼 것이 참 많다. 우선 집보다 나무가 더 많은 주택가 자체가 큰 볼거리였다. 경제 논리로 따지면 나무가 있을 장소에 더 많은 집과 빌딩을 지어야 하겠지만 이곳 사람들은 나무를 택했다. 에덴동산으로 명명된 분화구를 오르고, 한때는 쓰레기 소각장이었지만 지금은 관광 명소가 된 빅토리아 파크 마켓Victoria Park Market을 탐방했다. 소각장을 관광 명소로 개발한 오클랜드시의 참신한 아이디어가 돋보였다. 하얀 자태를 뽐내는 오클랜드 미술관을 천천히 감상하는 사이 해는 서서히 그 힘을 잃고 남반구에서 가장 높은 건축물이라는 스카이 타워로 바통을 넘겼다.

타워 위에서 내려다보는 야경은 슬픈 역사와 함께 버무려진 아름다움이었다. 지금껏 많은 도시의 타워에 올라 야경을 즐겼지만 오클랜드

스카이 타워가 보여주는 그것은 남다르게 묵직했다. 뉴질랜드의 원래 주인인 마오리족이 거닐던 땅 위로 높게 올려진 형형색색의 빌딩들. 침략자는 원주민을 약탈하고 자본가는 건축물을 높게 세워 올린 것이겠지만 이 땅은 마오리족의 것이었다. 야경을 야경으로 즐기지 못하고 역사적인 것으로 파고드는 나의 고질병이 다시 고개를 내밀었다.

마오리족은 스스로를 탕아타 훼누아Tangata Whenua라고 부른다. 땅의 종족이란 뜻이다. 땅의 종족은 그 땅을 잃어버리고 힘도 많이 약해졌지만 도시 곳곳에 그들의 혼을 심어 놓은 듯했다. 탕아타 훼누아가 심어 놓은 혼이 야경의 색깔을 정하고 분위기마저 묵직하게 채워 넣는 것 같았다. 국가와 도시이름 모두에 들어가 있는 'Land'라는 말이 진지하게 다가왔다. 땅의 종족이 심어 놓은 암시처럼.

청정의 땅 오클랜드는 와인 애호가에게도 좋다. 나무가 많은 도시를 계획하고 디자인하는 행정가나 건축가에게도 좋다. 더울 때 더위를 피해서, 추울 때 추위를 피해서 가도 좋다. 그리고 힘으로 빼앗을 수는 있지만 혼은 영원히 살아남을 수 있다는 확신을 갖고자 하는 사람에게도 오클랜드 여행을 권한다.

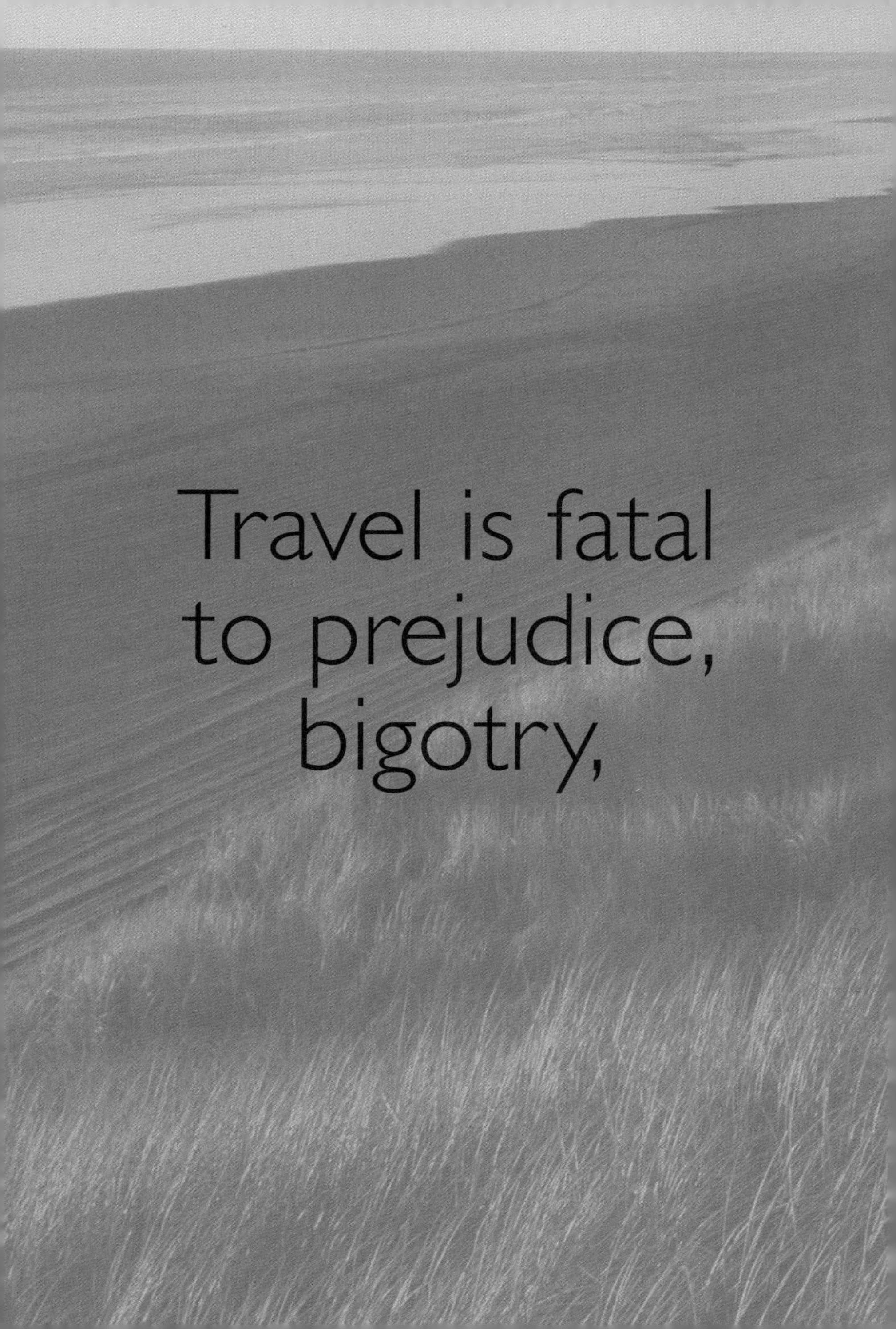
Travel is fatal
to prejudice,
bigotry,

and narrow-
mindedness.

여행은 편견, 고집불통,
편협한 생각에 치명적이다.

마크 트웨인
**Mark Twain**

# II

치유와 희망

# Healing and Hope

Rio de Janeiro, Brazil

Phnom Penh, Cambodia

Oslo , Norway

Kanchanaburi , Thailand

Colombo, Sri Lanka

1

# 그리스도가 축복한 미항의 바람

리우데자네이루

코르코바도산Mt. Corcovado 위에 있는 그리스도에게 다가가기 위해서는 운이 좋아야 한다. 갑자기 먹구름이 몰려오더니 비가 쏟아지기 시작한다. 강한 비바람에 우산은 무용지물이 되고 비가 그치기만을 기다려야 한다. 주님을 만나러 가는 길은 이처럼 험해야 하는 것인가. 산 위의 날씨가 수시로 변하기 때문에 우비를 준비해가야 한다는 말을 무시한 나. 그 대가를 혹독하게 치뤘다. 나는 화려한 리우에서 초라하게 비를 맞으며 산 위로 올라가고 있다.

산 정상에 서린 안개 속에서 두 팔을 벌리고 계신 그리스도의 모습, 그것은 골고다 언덕의 십자가 위에 매달리신 구세주를 닮았다. 해발

704미터의 코르코바도 산꼭대기에서 세계 3대 미항 중 하나인 리우데자네이루를 감상한다. 거대한 조각상과 자신을 함께 담아보려는 관광객들의 카메라 셔터 소리는 코파카바나Copacabana 해변에서 불어오는 바닷바람과 묘한 울림을 만드는 듯하다. 사진 안에 조각상이 다 나오면 자신이 너무 작아지고 자신이 커지면 조각상의 일부를 포기해야 한다. 여기서도 딜레마는 있다.

포르투갈로부터의 독립 100주년을 기념하기 위해 세운 예수상Cristo Redentor은 리우데자네이루의 최고 명물로서 '1월의 강'이라는 뜻의 이 도시를 더욱 빛나게 하는 거대한 소품이다. 1월은 2월에 개최되는 리우 카니발을 준비하는 시기로서 예수상은 더 많은 관광객을 맞을 준비를 한다. 에펠탑이 없는 파리나 엠파이어스테이트 빌딩이 없는 뉴욕처럼 예수상이 없는 리우는 어색하고 상상조차 안 된다. 멋진 해안을 끼고 있는 덕분에 베트남의 하롱베이를 연상시키는 팡데아수카르산Mt. Pao de Acucar 은 코르코바도 산을 더 돋보이게 만드는 존재로 마치 청실홍실의 인연 같다. 리우의 스카이라인은 인간의 마천루가 아닌 자연의 산으로 완성된다.

브라질이 독립하기 전, 리우는 열강들에게 약탈된 금과 다이아몬드를 실어 나르는 무역항이었다. 아프리카에서 끌려온 흑인 노예들이 가혹한 노동의 고통을 잊고자 만들어낸 삼바 춤은 아이러니하게도 세계 3대 축제인 리우 카니발의 핵심이다. 역사는 짧게 슬프고 축제는 길게 화려하다.

미항의 첫째 조건은 역시 아름다운 해변이다. 여름이면 피서객들로 인산인해를 이루는 4킬로미터의 코파카바나 해안선 주변에는 개성이 돋보이는 카페와 클럽이 즐비하다. 낮과 밤이 모두 화려한 도시가 리우다. 예수님이 내려다보는 도시의 낮과 밤은 매일 소돔과 고모라 같은 환락으로 뒤덮이지만, 이런 환락마저 인내하시고 용서하시는 구세주의 사랑이 수호신처럼 리우를 지킨다.

한 가지 분야에 집중하다 우울해진 사람들에게 리우 여행을 권한다. 특히 2월 말의 리우를 권한다. 삼바 리듬에 맞춰 춤을 추는 무희의 현란하고 육감적인 율동을 보는 것만으로도, 수많은 축제 참가자들의 열기와 함성을 체험하는 것만으로도, 삶이 얼마나 다채로운가를 재인식하게 될 것이다. 그리고 그런 다채로움을 통해 우리의 삶이 얼마나 중요한 것인지에 대한 의미를 부여받을 것이다. 세계문화유산 리우데자네이루가 그리스도가 축복한 미항의 바람을 맞으며 거기 있다.

2

# 고귀한 펜 여인의 언덕에 핀 꽃

프놈펜

인도차이나반도는 불상을 모시는 사원으로 가득 차 있다고 해도 그리 틀린 말이 아니다. 사원에 관한 한 둘째가라면 서러워할 미얀마를 필두로 태국, 라오스, 캄보디아, 베트남은 저마다 자국의 사원 스타일을 뽐낸다. 소승불교의 사원은 뾰족한 첨탑이 인상적인데, 같은 듯해 보여도 현지인들은 모두 차이가 있다고 말한다. 각 국가의 경제력에 따라 첨탑에 칠해지는 재료도 달라진다. 부유한 나라는 황금으로 첨탑을 입히지만 그렇지 못한 나라는 '황금색 페인트'를 사용하기도 한다.

유럽의 교회가 그런 것처럼 동남아국가의 사원들도 신화와 역사가 혼합된 극적인 이야기를 가지고 있다. 프놈펜에 있는 왓 프놈Wat Phnom

은 신선한 스토리텔링을 간직한 좋은 예다.

범람한 메콩강● 에 떠내려가는 네 개의 불상을 펜Penh이라는 여인이 건져내었는데, 1373년에 사원을 건축하고 수화水禍를 면한 네 개의 불상을 모셨다. 그리고 그 사원을 왓 프놈이라 이름 지었다. 사람들은 펜 여인의 고귀한 행동을 기려 도시의 이름조차 프놈펜이라고 명명했다. 프놈이 캄보디아 말로 '언덕'이라는 뜻이니 '펜 여인의 언덕'이라고 번역할 수 있겠다.

고귀한 펜 여인의 도시 프놈펜. 하지만 프놈펜은 이름만큼 낭만적이지 않다. 희대의 학살자 폴 포트Pol Pot의 천인공노할 만행 때문이다. 투올슬랭 대학살 박물관Tuol Sleng Genocide Museum은 크메르 루주Khmer Rouge 정권 하에서 자행된 학살의 현장을 그대로 전시하고 있다. 학교에서 교편을 잡고 있다는 이유로, 안경을 썼다는 이유로, 글을 읽을 수 있다는 이유로 선량한 사람들은 고문을 받으며 죽어갔다.

1975년부터 1979년 사이에 3백만 명에 달하는 사람들이 잔인하게 살해되었다. 폴 포트는 지식인을 사회발전을 저해하는 암적인 존재로 인식했다. 그는 지식인을 제거함으로써 사회를 변혁시켜야 한다는 망상에 빠졌지만 스스로도 프랑스에서 유학한 지식인이었다. 그는 체포되어 재판에 넘겨졌고 법정에서 말했다. "오랫동안 프랑스의 식민지배를 받으며 캄보디아제국의 영화를 잊어가는 사람들과 알량한 지식으로 곡학아세하는 식자들이 캄보디아의 발전을 저해하는 걸림돌로 보였다." 폴 포트는 오랫동안 재판을 받긴 했지만 단죄되지 않았고 결국 1998년 70세의 나이로 자연사했다.

학살의 기억으로만 도시를 바라볼 수는 없다. 학살은 한순간에 이루어진 참극이지만 도시는 계속 존재하며 살아남은 자를 위한 공간이 되어야 하기 때문이다. 예전의 아픈 기억에 힘들어하는 사람들에게 프놈펜 여행을 권한다. 프놈펜은 몸소 겪었던 아픔을 솔직하게 보여주고 그 아픔을 되풀이하지 않으려는 사람들의 노력 또한 진솔하게 표현하고 있다. 전쟁과 내전, 그리고 독재자의 광기에 지쳐버릴 만도 하지만 다시 감정을 추스르고 용기를 되찾는 것도 인간의 본성임을 프놈펜은 우리에게 선명하게 제시해준다.

● 메콩강은 인도차이나반도 전역을 먹여 살리는 젖줄이기도 하지만 매년 범람하여 사람들을 수장시키는 공포의 대상이기도 하다.

SKRIKETS EKKO
Hovedsponsor for Munch-museet: Europay Norge AS
Skrik 1893 - Håndkolorert litografi
© Munch-museet / Munch-Ellingsen Gruppen 2001
Abramov
Bacon
Barclay
Baselit
Bergsta
Beuys
Bjørlo
Doblou
Erró
Förg
Gilbert
&Georg
Johns
Jorn
Kirkeb
Kounel
Melgaa
Mendie
Munch
Nupen
Ransve
Saura
Warhol
Wyller
MUNCH MUSEET

3

# 뭉크 미술관의 가슴 뭉클한 감동

오슬로

에드바르 뭉크Edvard Munch의 생애는 불행으로 점철되었다. 스스로를 불행하다고 생각했던 사람도 뭉크의 삶을 들여다보는 순간 동정의 눈물을 흘릴 것이다. 단언컨대, 뭉크는 가장 불행했던 예술가였다. 한없는 사랑을 받아야 할 다섯 살 때, 그의 어머니는 결핵으로 세상을 떠났다. 감수성이 한창 예민한 청소년기에 누나가 병으로 죽었고, 성인이 된 후에는 아버지마저 우울증으로 돌아가셨다. 여동생도 죽기 전까지 우울증 치료를 받았으며, 남동생 또한 서른 살의 나이로 죽었다. 뭉크 역시 평생을 각종 질병으로 고통받으며 살았다. 그의 인생을 두 단어로 규정하자면 '죽음'과 '질병'이다.

모든 것이 'Slow' 할 것 같은 'Oslo'에 온 가장 큰 이유는 뭉크 미술관Munch-Museet에 전시된 뭉크 최고의 작품 <절규●>를 보기 위해서다. 사람이 가장 많이 모여 있는 곳, 당연히 뭉크의 <절규> 앞이다. 진품을 볼 때는 언제나 뭉클한 감동이 몰려온다. 극한의 공포가 도사리고 있는 작품 안에 뭉크는 비참한 자신의 운명을 집어넣었다. 비명을 지르고 있는 사람이 뭉크 자신이라는 것이 아무런 설명을 듣지 않아도 짙게 보였다. 서글픈 공포영화를 본 느낌이었다. 불행했던 자의 절규를 목도하며 작품으로서의 <절규> 앞을 오랫동안 떠날 수 없었다. 엄습하는 공포를 이처럼 잘 표현한 그림이 또 어디에 있을까 싶다. 핏빛 하늘 아래 정체를 알 수 없는 두 명의 괴한이 따라오고 다리의 난간 밖으로 짙은 녹색의 늪이 넘실거린다. 그림의 주인공은 숨을 곳이 없다. 너무 무서워서 눈동자가 돌아간 사람이 귀를 막고 비명을 지른다. 극한의 공포를 마주하면서 할 수 있는 것은 광인처럼 마지막 힘을 다해 소리를 지르는 것뿐이다. 그림 안에는 생존을 위한 가능성도 희망도 없다. 마치 뭉크가 지금까지 경험했고 앞으로 경험할 불행의 그림자를 적나라하게 늘어놓은 것처럼.

뭉크 미술관 입구에서 심호흡을 했다. 미리 그를 공부하고 가지 않았더라면 필요 없었던 행동이다. 그가 남겨 놓은 '공포와 고통의 흔적'이 행여나 내 몸속으로 들어와 잠시일지라도 나를 괴롭힐 것 같았다. 심호흡은 긴장을 완화하는 데 큰 도움이 된다. 유럽의 수많은 크고 작은 미술관을 다닌 내가 그림을 관람하기 전에 심호흡을 하고 있다니, 이게 웬 거짓

말 같은 호들갑이란 말인가.

〈마돈나〉, 〈흡혈귀〉, 〈마라의 죽음〉 등 뭉크 최고의 명작들을 천천히 감상하느라 미술관에서 한나절 이상의 시간을 보냈다. 미술관을 나와 오슬로를 걷고 싶어졌다. 비싼 돈을 주고 산 일일 승차권이 있어서 어디든 전차를 타고 갈 수도 있었지만, 오슬로의 백야白夜는 나를 걷게 만들었다. '하얀 밤'에 오늘따라 유난히 더 하얗게 보이는 오슬로 사람들을 눈에 담으며 피곤해질 때까지 계속 걸었다.

삼라만상을 조각해놓은 듯한 비겔란 공원Vigelandsparken, '두 개의 갈색 치즈'라 불리는 오슬로 시청사, 스칸디나비아국가의 소박함을 가감 없이 보여주는 노르웨이 왕궁, 그리고 김대중 대통령의 모습도 볼 수 있는 노벨평화센터, 장소와 건물 하나하나가 작은 소품이 되어 불행한 화가의 인생을 위로해 주는 듯했다.

현재의 모습에 낙담하고 있는 모든 사람들에게 오슬로 여행을 권한다. 불행은 한때이고 치유는 영원하다는 것을 오슬로는 분명히 말해줄 것이다.

● 영어 제목이 <The Scream>이어서 '비명'으로 번역되는 경우도 많다. 그러나 한국에는 초창기부터 '절규'로 소개되었다. 그림 속 남자가 비명을 지르는 것이 아니라 들려오는 비명을 듣고 있는 것이라는 해석도 있다.

# 4

# 전쟁의 비극은 강물을 따라 흐르고

깐차나부리

일본의 제국주의는 전 세계 수많은 사람들에게 고통과 슬픔을 안겨주었다. 인도차이나반도까지 진출한 일본군은 태국을 넘어 미얀마까지 넘봤다. 일제는 군수품을 안정적으로 수송하기 위한 도로와 다리가 필요했고 전쟁포로들은 열악한 환경에서 노동력을 착취당했다. 혹독한 인권 유린 속에서 건설된 '죽음의 철도'는 이제 깐차나부리의 관광지가 되어 제2차 대전의 참상을 알리고 있다. 철도 건설을 위해 전쟁포로 6만여 명과 인도차이나반도 전역에서 끌려온 노동자 20만여 명이 동원되었고, 이 중 11만 6천여 명이 영양실조와 질병으로 사망하였다. 철도의 일부인 '콰이강● 의 다리'는 1957년 데이비드 린David Lean 감독이 동명의 영화로도 제작한 바 있다.

자전거를 개조한 조악해 보이는 인력거에 몸을 맡기고 숙소를 찾아보기로 했다. 내가 가자는 방향으로 인력거를 모는 인력거꾼의 앙상한 다리를 보고 미안한 마음이 들었다. 강물 위에 떠 있는 방갈로를 발견하고 용기를 내어 묵어보기로 했다. 대나무로 만들어진 벽의 틈으로 벌레가 들어올 것 같아서 불안하기도 했지만 '태국식 조식 포함'이라는 말 한마디에 숙박협상은 쉽게 마무리되었다. 방갈로는 콰이강의 물살에 조금 흔들렸지만 멀미를 느낄 정도는 아니었다. 깐차나부리에 도착하기 전에는 전쟁의 참상이니 조류독감으로 매몰된 수천만 마리의 닭이니 하면서 유난을 떨었다. 전쟁 중에 죽은 사람과 닭의 억울한 원혼이 몸속으로 들어와 건강이 나빠질 것이라는 비과학적인 상상도 스멀스멀 몰려왔다. 하지만 이색적인 수상 숙소를 정하고 나서는 즐겁게 여행하고 안전하게 떠나자는 생각만 했다.

우연히 만난 현지인들과 말을 트고 맥주도 같이 마셨다. 그들이 친근감을 표시하며 권하는 맥주를 계속 사양할 수 없었다. 여행 중에 모르는 사람이 주는 음식은 먹지 않는 것이 좋다는 말은 여기선 의미가 없다. 얻어먹을 수만은 없어서 나도 지갑을 열었다. 내가 지갑을 여는 순간 모두의 표정이 더 행복해졌다. 촌깨우, 건배, 태국어와 한국어가 섞이고 나중엔 치어스, 땀쩍, 영어와 라오스어도 등장했다. 언어는 달랐지만 모두 술을 권하며 하는 말이다. 주거니 받거니 하며 이렇게 깐차나부리 여행의 첫날이 지나갔다.

다음날은 불교 신자들의 성지, 에라완 폭포Erawan Water Falls에 갔다. '에라완'은 머리가 세 개 달린 코끼리 신을 의미한다. 폭포의 크기는 아담했지만 머리가 세 개인 신성한 코끼리를 이름에 넣은 것이 재미있다. 이 폭포를 포함한 태국의 전역에서는 코끼리가 성스러운 동물로 칭송되지만 깐차나부리의 저쪽 너머에서는 채찍으로 맞아가며 정글 트레킹에 혹사당하는 코끼리가 있다. 안심스테이크를 맛있게 먹으면서 소의 고귀함을 말하는 느낌이다. 불교가 말하는 성속일여聖俗一如는 가끔 이런 모습으로 실현되는 것일까.

잘못된 생각은 반드시 잘못된 결과를 낳는다. 전쟁은 잘못된 생각이면서 잘못된 결과다. 깐차나부리의 콰이강이 증인이다. 전쟁의 참상을 목도하며 무언으로 인간의 만행을 용서하고 있는 자연의 너그러움을 느끼고 싶은 사람에게 깐차나부리 여행을 권한다. 혹시 아나. 큰 깨달음을 덤으로 받을지.

● 콰이(Kwai)는 영어식으로 발음을 표기한 것이고 현지식 발음으로는 Khwaeyai라고 써야 맞는다. 정확히 하자면 콰이강이 아니고 쾌야이강이 되는 것이다.

BILAL HOT
PHARMACY
PHARM
WP AAM 4839

5

# 신성한 섬으로 들어가는 문

콜롬보

자동차가 내뿜는 매연을 스쿠터를 개조해 만든 툭툭의 뒷좌석에서 한껏 들이마실 수밖에 없다. 급히 오느라 미처 준비하지 못한 항균 마스크가 못내 아쉽다. 에어컨과 문이 달린 '진짜' 택시를 타고 싶건만 그 많은 택시는 어디에 숨었는지 모르겠다. 택시의 형태를 갖춘 탈것을 발견하더라도 운전사와 치열한 가격 협상을 벌여야 한다. 미터기가 버젓이 달려 있는데 협상을 벌여야 한다니 스트레스의 연속이다. 내가 여행자라는 사실을 처음부터 눈치챈 택시기사는 터무니없는 가격을 제시하며 흥정을 즐기려 한다. 여행자는 이 중생들의 지갑을 채워주는 물주이고 보시를 생활화한 불자가 되어야 한다. 그래야 속이 편하다.

불교의 나라 스리랑카. 가장 큰 도시 콜롬보에 도착했지만 몸과 마음이 좌불안석이다. 한국에서 출국하기 전, 온라인으로 적지 않은 금액을 결제하고 예약한 호텔에 어렵게 도착했지만, 호텔 주인은 방이 없으니 본인이 운영하는 다른 곳으로 안내해 주겠다고 한다. 안전을 생각해서 도심에 있는 숙소를 잡았건만 새롭게 안내받은 호텔은 골목골목을 돌아 상당히 외진 곳에 있었다. 실망, 짜증, 분노가 치밀지만 함부로 화를 낼 수가 없다. 이곳은 처음 와보는 적지다. 순진해보였던 스리랑카 노동자들의 이미지도 벌써 머릿속에서 사라지고 없다.

트럭을 개조해 만든 버스는 굉음을 내며 끊임없이 매연을 쏟아내고 있지만 사람들은 아랑곳하지 않고 매연이 만든 짙은 안개 속을 유유히 활보한다. 26년간 내전을 겪으면서 8만여 명의 사상자를 낸 아픈 기억 때문에 스리랑카를 '인도양의 눈물'이라고 표현하는 사람도 있지만, 정작 나는 매번 벌어지는 홍정의 피곤함에 눈물을 흘릴 지경이다. 시내에서 몇 분만 차를 타고 나가도 맑고 푸르른 인도양이 나오건만 눈은 매연으로 따갑다.

울며 겨자 먹기로 하루에 미화 61달러의 거금을 주고 택시 운전사를 고용하기로 했다. 스리랑카 사람은 무료지만 외국인은 어디를 가나 받아들일 수 없을 정도로 비싼 입장료를 내야 하는 불합리한 상황을 속 쓰려 하며 몇 군데 불교사원을 택시로 돌아보고 있을 때, '비로샤'라는 이름의 운전사는 본인이 싱할리Sinhalese족임을 알렸다. "나는 타밀족이 아니라 싱할리족이에요." 그가 왜 나에게 어떤 종족임을 설명하는지 이해할 수 없었다. 나에겐 비로샤가 어떤 종족인지 알 필요가 없었고 그저 돈을 낸 만큼의 가치를 취하면 될 뿐이었다. 그는 싱할리족은 정부군으로, 타밀족은 반군으로 오랫동안 서로에게 총부리를 겨누어 수많은 선량한 사람들이 사망했다는 설명을 덧붙였다. 비로샤는 다시 말했다. "싱할리와 타밀은 전쟁을 벌일 이유가 없었어요. 두 종족 간에 결혼도 많이 했고, 내가 학교에 다닐 때는 친한 친구가 타밀족이었어요. 그러나 영국이 식민지배를 효율적으로 하기 위해 우리를 이간질시킨 것은 명백한 사실이에요." 그의 말에는 식민지배에 대한 분노가 차분히 담겨있었다. 누가 누구를 복속시키고 힘으로 지배하는 일은 사라져야 함을 그는 흥분하지 않고 알렸다.

1972년 이전까지 실론Ceylon이라 불렸던 스리랑카를 탐험가 마르코 폴로는 이 세상에서 가장 아름다운 섬이라고 극찬한 바 있다. '신성한 섬'이라는 뜻의 스리랑카가 내전의 아픔을 모두 극복하고 인도양의 눈물이 아닌 인도양의 보석이 되기를 바란다.

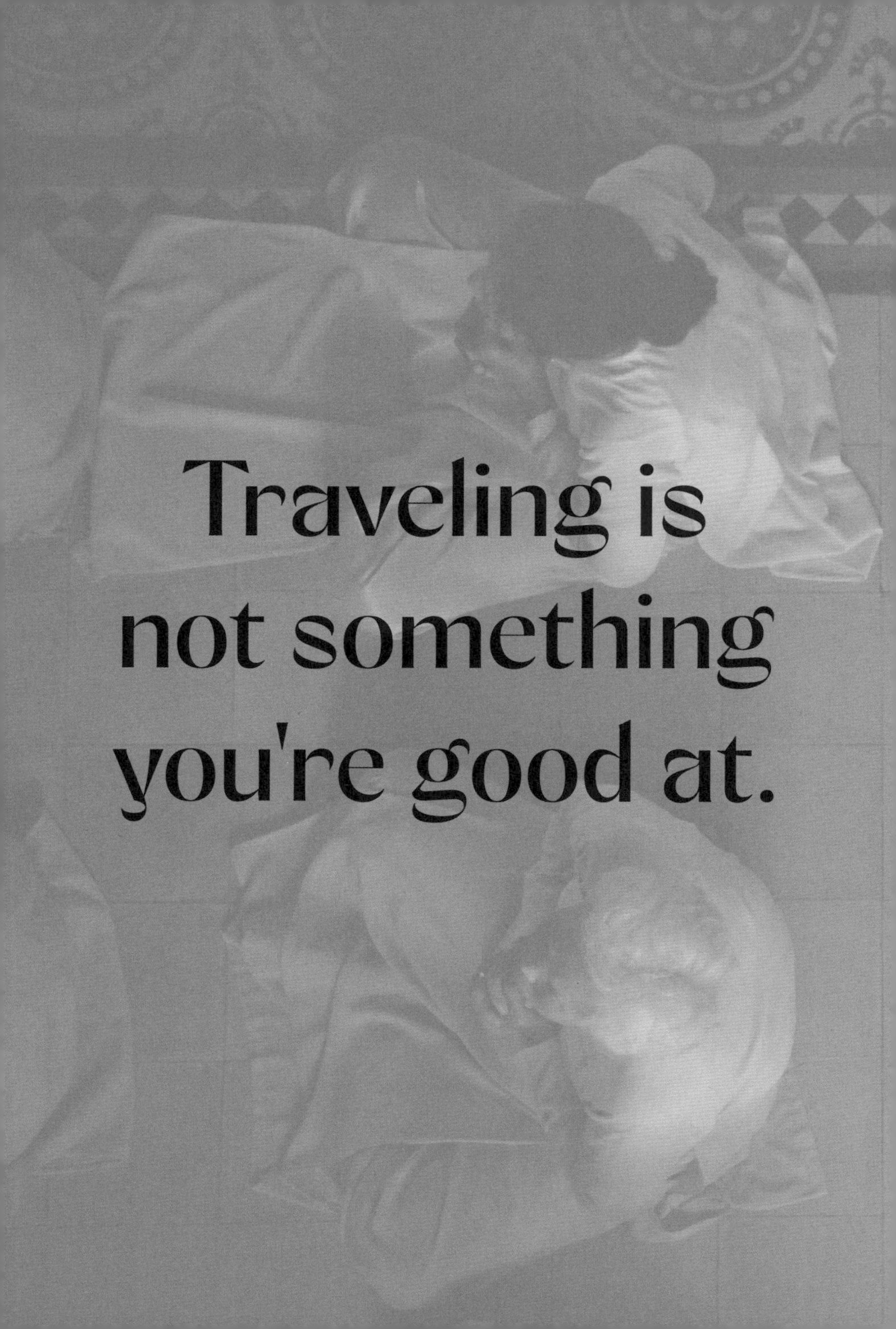

Traveling is
not something
you're good at.

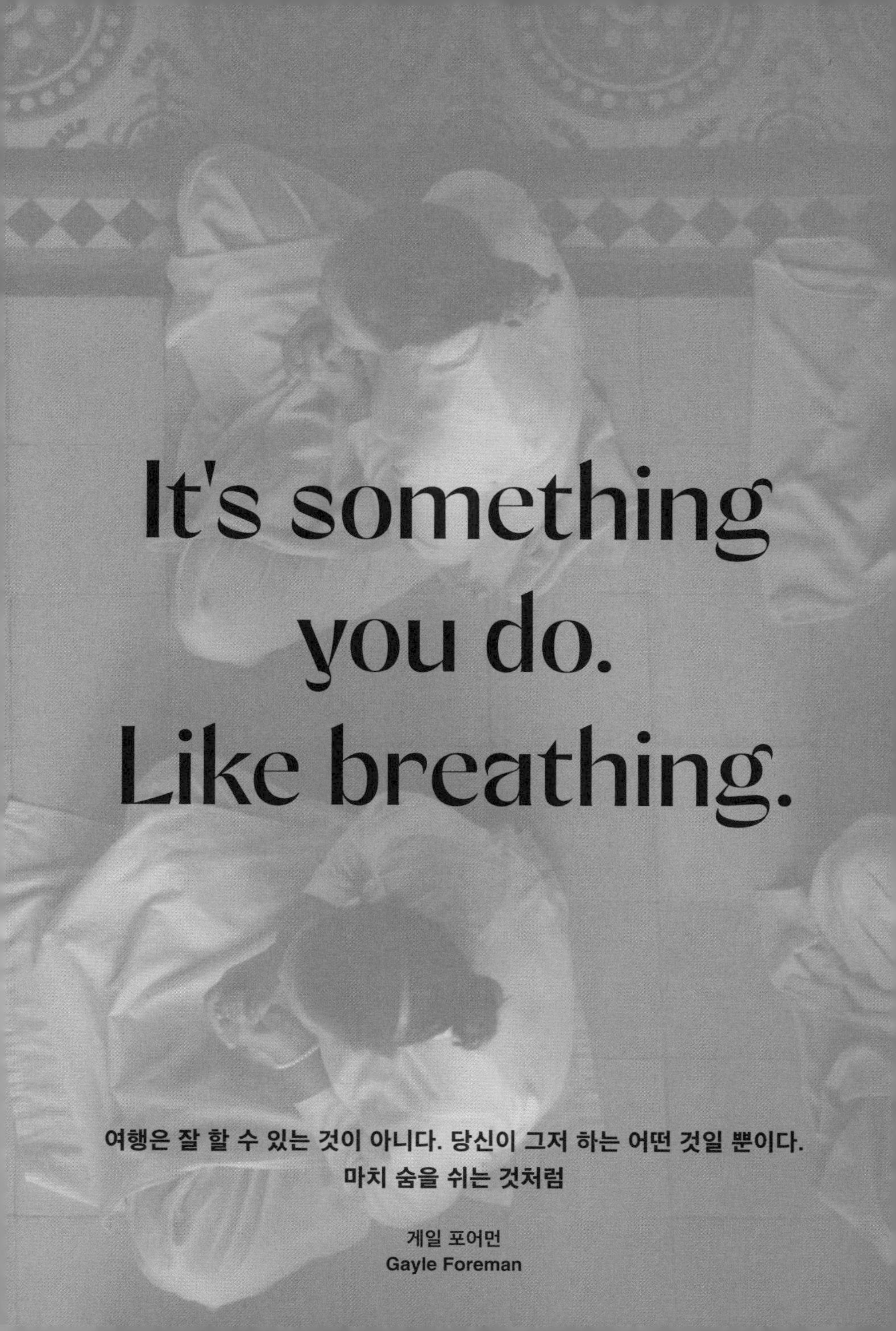
It's something
you do.
Like breathing.
여행은 잘 할 수 있는 것이 아니다. 당신이 그저 하는 어떤 것일 뿐이다.
마치 숨을 쉬는 것처럼
게일 포어먼
Gayle Foreman

# 12

## 감사와 행복

# Gratitude and Happiness

*Kyaiktiyo, Myanmar*

*Nairobi, Kenya*

*Budapest, Hungary*

*Bergen, Norway*

*Bethlehem, Israel*

1

# 오르는 자는 복이 있나니

짜익티요

도시라 하기에는 너무 작고 초라하다. 그냥 작은 촌락이라고 해야 맞을 거 같다. 합판을 이어 붙여 만든 식당에서 다채로운 색깔의 음식을 먹는 현지인들이 보인다. 그 옆에서 새끼들에게 젖을 물리고 있는 어미개도 있다. 행인들이 오고가도 아랑곳하지 않고 눈을 지그시 감고 있는 어미개의 표정이 꽤 근엄하다.

현대적인 것이라고는 호텔 간판을 다소곳이 내건 4층짜리 건물이 유일하다. 그래도 여기선 가장 높은 마천루이고 호텔임을 알리는 작은 네온사인은 밤을 밝히는 유일한 불빛이 된다. 아시아의 변방을 여행하다 이런 상황을 접하면 늘 근대성을 생각한다. 스마트폰으로 모든 것을 실시간으로 처리할 수 있는 한국과 비교하면 여기는 마치 고대사회 같다. 근대성이란 시간적인 순서로 이해해야 하는지, 아니면 각각 상대적인 것으로 순위를 매길 수 있는 것인지 온갖 잡념이 생긴다. 여행은 근대에 살면서 고대를 느끼는 기회를 가끔씩 선물해준다.

양곤에서 약 150킬로미터 떨어진 짜익티요에 가기 위해서는 여섯 시간이나 버스를 타야 한다. 머리에 사리가 생길 정도로 기다리고 꾹 참아야 한다. 버스 안 스피커에서 미얀마어로 읽는 불경 소리가 쩌렁쩌렁 울려 퍼진다. 아랍권 국가를 여행할 때 듣던 코란 소리나 이곳의 불경 소리는 나에게는 그저 비슷한 운율일 뿐이다. 기사님에게 소리를 조금만 줄여달라고 부탁하고 싶지만 불경 소리를 평안한 표정으로 듣고 있는 미얀마 사람들을 보면 말할 엄두가 나지 않는다. 비포장도로에서 발생하는 흙먼지가 버스의 창문 사이를 비집고 들어와 후각마저 마비시키고 옷으로 덮이지 않은 신체 부위에 고스란히 쌓인다. 나이를 먹어가면서 느끼는 거지만 조금이라도 불편하면 금세 스트레스가 눈뭉치처럼 쌓인다.

이 산속 마을에 오감五感의 불편을 마다하고 오는 이유는 오직 하나다. 산 정상에 있는 파고다를 보기 위해서다. 죽기 전에 짜익티요의 산을 세 번 올라 파고다에 기도하면 큰 복을 받는다고 한다. 이런 지역 전설에 힘입어 정상까지 사람들을 운반하는 트럭엔 이미 수많은 사람이 올라타 있다. 이건 아무리 봐도 승차가 아니라 운반이고 배달이다. 아무런 안전장치도 없는 트럭의 짐칸에 40명이 넘는 사람들을 빼곡히 정렬시키는 안내원의 고함 소리가 메아리친다. 파고다에 가서 기도를 하려는 순례객과 차비를 빠지지 않고 받으려는 안내원의 시선이 끊임없이 교차한다. 마치 신성과 세속이 눈싸움을 하는 것 같다.

출렁거리며 해발 1,100미터나 되는 산길을 20분 만에 주파한 트럭은 관광객과 순례객을 쏟아낸다. 불공정한 외국인 입장료를 내고 사원 입구로 들어가자마자 저편으로 둥그런 황금색 바위와 뾰족하게 세워진 파고다가 보인다. 불교식으로 절하는 사람, 무언가를 읊조리며 묵념하는 사람, 파고다를 직접 만지며 소원을 비는 사람, 모두가 한마음이 된다. 경건한 분위기는 산을 오르기 위해 감수했던 불편을 잠재운다. 처음 가는 나에게는 모든 것이 새로워서 카메라에 눈앞의 광경을 담기 바빴다. 그래서 그때는 진정성 있게 빌지 못했다. 지금은 빌 소원이 생겼다. 하지만 간절하게 소망하는 것이 없을 때가 행복하다는 생각이 든다. 고통의 사라짐을 기도하는 사람은 현재 고통 속에 있다는 것이고, 성공을 기도하는 사람은 아직도 성공하지 못한 것이 되니까 말이다. 때때로 과도한 욕심마저 기도의 대상이 되는 것보다는 바빠서 어딘가에 몰두할 때가 더 좋다.

하산할 때도 트럭을 탈 수 있었지만 한국에서 몇 년간 영어 선생님을 했다는 미국 여행객을 우연히 만나 함께 걸어서 내려가기로 했다. 하산 길에 만난 고산족들의 얼굴에는 행복이 서려 있었다. 행복이란 무엇인가. 언젠가 누군가 내게 행복의 의미를 묻는다면, 그때 봤던 '산사람'들의 표정을 묘사할 것이다.

2

# 눈물과 행복의 의미를 일깨워 준 맛있는 물

나이로비

지나가는 차 안으로 코끼리가 코를 내밀어 먹을 것을 청하고 저 멀리서 먹이를 잡기 위해 전속력으로 달리는 치타의 모습이 상상되는 곳. 왼쪽의 기린이 긴 목을 뻗어 과일을 따먹고 오른쪽의 하마가 하품할 것 같은 아프리카. 케냐 마사이족 언어로 '맛있는 물'이라는 의미를 가진 도시 나이로비에 설레는 마음으로 첫발을 내디뎠다. 하지만 설렘은 곧 산산조각이 나버렸다. 짐작은 어느 정도 했었지만 공항의 조악한 시설은 말할 것도 없이, 나이로비의 도로는 민망할 정도로 차가 지나가면 흙먼지를 만들어냈고, 그 흙먼지 속에서 뛰어노는 아이들의 하얀 치아 색만이 선명했다. 아프리카대륙에서 남아공 케이프타운 다음으로 발전된 도시라는 나이로비의 이름이 무색할 정도였다.

서울에서 출국하기 전 비자를 받기 위해 황열병 주사도 맞고 말라리아 약도 준비하며 온갖 호들갑을 떨어서인지 나의 몸은 이런 열악한 모습의 나이로비에서 으슬으슬 식은땀이 났다. 더구나 나이로비는 해발고도 1,600미터가 넘는 곳에 위치하고 있어 서늘한 기운마저 감돌았다. 가진 자가 사는 '작은' 동네와 못 가진 자의 '큰' 마을이 너무 확연하게 구분되어 어떤 것에 기준을 두어야 할지 몰랐지만 나의 시선은 '못'이라는 수식어가 있는 곳으로 향했다. 여행에서 반드시 아름답고 좋은 것을 봐야만 하는 것은 아니니까.

상하수도 시설이 전혀 없는 세계 최대의 빈민가 키베라Kibera에서 나의 일상이 주는 행복의 무게를 가늠할 수가 없었다. 한 나라의 수도에 있는 빈민가가 해외 관광객까지 찾아오는 유명 관광 코스가 되었다는 현지 가이드의 설명에 나는 할 말을 잠시 잊었다. 끝이 없는 가난의 대물림과 온갖 질병들, 관광객들은 이들의 가난을 보며 과연 무엇을 느낀단 말인가. 어떤 도시를 여행해도 부자 동네를 보러 가는 것이 보편적인데 빈민가를 보러온다는 이 역설을 어떻게 이해해야 할지 막막했다. 논리적으로는 절대 연결이 안 되는 이런 광경을 뒤로하자니 눈물이 났다. 여행 중에 눈물을 흘리는 경우는 손으로 꼽을 정도지만 슬퍼서 우는 경우는 거의 없다. 눈물이 계속 나와 앞에 펼쳐지는 지옥과 같은 빈곤의 모습을 막아주었으면 좋겠다는 생각마저 들었다. 예수님처럼 오병이어의 기적을 만들 수 없는 현실이 더 슬펐다.

20세기 초까지만 해도 유럽 열강들은 아프리카대륙을 맘대로 유린했다. 침략자들이 문화적 차이를 무시한 채 마구 그어 버린 국경선 때문에 아직도 부족 간의 살육이 벌어지는 검은 대륙 아프리카의 모습이 이곳 나이로비에서 가난이라는 이름으로 실감되었다. 아프리카인들의 피부색보다 어두운 것은 기아로 찌들어 가는 그들의 일상이었다. 하루 열두 시간을 차 농장에서 일하고도 고작 1달러를 받는 부조리를 누가 만들어낸 것인지 잘잘못을 따질 여유도 그들에겐 없어 보였다. 도시이름처럼 맛있는 물이어야 할 나이로비의 아름다움을 맛보기도 전에 머리가 무거워졌다. 나이로비는 보는 도시가 아니라 감사하는 마음을 만드는 도시로 기록했다. 내겐 내일의 희망이 있다는 것에 대한 안도와 감사 같은 것이었다.

나이로비에서 보는 구름은 팬터마임을 하듯 빠르게 움직였다. 사파리 투어에서 직접 봤던 동물을 구름이 하나씩 만들어주는 듯했다. 먹고 먹히는 사냥의 연속과 강한 개체만이 살아남을 수 있다는 대초원의 법칙이 아기가 말을 처음 배우는 것처럼 신선하게 느껴졌다. 인간 세계에서 일어나는 속고 속이는 치졸한 권력 투쟁은 사라지고 솔직한 대자연의 모습이 보였다. 감사한 마음을 되찾고 싶은 사람들에게 있는 그대로 숨기지 않고 보여주는 나이로비 여행을 권한다. 맛있는 물을 상상했지만 결국 눈물의 의미만 되새긴 나이로비 여행. 그러나 때때로 눈물도 맛있는 물이 될 수 있다는 생각으로 나이로비의 서늘한 바람을 즐겼다.

3

# 부다와 페스트의 아름다운 앙상블

부다페스트

페스트에서 올려다봤을 때 가장 아름다운 부다, 부다에서 내려다봤을 때 가장 아름다운 페스트. 그러나 두 도시는 서로를 이해하지 못했다. 부다는 '낮은' 페스트를 얕잡아보며 무시했고 페스트는 '높은' 부다의 거만함을 질타했다. 화합이라는 말은 공허한 메아리처럼 들렸다. 서로에 대한 무시와 질타는 도나우강• 의 유속만큼이나 빠르고 날카로웠다. 이해의 반대는 오해고, 애정의 반대는 반목이다. 오해와 반목은 시간이 갈수록 고착화되고 강해졌다.

이슈트반 세체니Istvan Szechenyi 백작은 반목하는 두 도시의 기나긴 애증을 끝내고 싶었다. 화합하지 않으면 도시의 미래가 암울해 보였다. 그는 영국에서 설계기사 윌리엄 클라크와 건축가 애덤 클라크를 초빙하고 사재를 들여 1842년부터 다리를 짓기 시작했다. 7년 후, 다리가 완성되고 배로만 왕래할 수 있었던 부다와 페스트는 연결되었다. 왕과 귀족이 살았던 '높은' 부다와 평민과 상인의 거주지였던 '낮은' 페스트는 위대한 다리를 통해 아름다운 앙상블의 시작을 알렸다. 피아노의 저음과 바이올린의 고음이 합쳐져 환상적인 화음을 내는 것처럼 '부다와 페스트'에서 '부다페스트'로 화합하기 시작했다

부다에는 '어부의 요새'가 고깔 모양의 첨탑 일곱 개를 뽐내고 있다. 첨탑은 헝가리를 건국한 일곱 개 동방민족을 상징한다. 여행자들은 이곳에서 내려다보는 풍경을 유럽 최고라 평가하는 데 주저함이 없다. 강 건너편 국회의사당을 헝가리 사람들은 '오르사그하즈Orszaghaz'라 칭하는데, '국가의 집'이라는 뜻이다. 화려함의 극치를 보여주는 국회의사당은 건축가 임레 슈테인들Imre Steindl이 헝가리 건국 천년을 기념하여 설계했고 1902년에 완공되었다. 요새와 국가의 집은 각각 반대편에 서 있지만 역설적으로 반대편에 서 있기 때문에 서로의 아름다움을 더 잘 볼 수 있다

마차시 성당Mathias Cathedral에서 겔레르트 언덕Gellert Hill을 거쳐 페스트의 바치Vaci 거리로 넘어왔다. 오랜 걸음의 피곤함과 허기를 달래기 위해 현지인들의 언어가 많이 들리는 식당을 찾았다. 음식을 주문하는 소리도 페스트에선 왁자지껄하게 서민적이다. 육개장을 조금 더 달여서 걸쭉하게 만든 것 같은 굴라시Goulash는 동방민족의 DNA를 지녔다. 굴라시는 헝

가리말로 '목동'이라는 뜻인데 소고기가 씹히는 맛이 담백하면서 얼큰하다. 바치 거리의 끝에서 1858년에 문을 연 제르보Gerbeaud는 마카롱으로 유명한 카페인데, 유럽의 귀족들도 애용했던 명소로 몇 년 전 서울에도 분점을 열었다.

두 개의 거울이 생겼다. 부다라는 거울은 페스트를 비추고 페스트라는 거울은 부다를 비춘다. 부다의 아름다움을 페스트를 통해 확인하고, 페스트의 다채로움을 부다를 통해 확인하는 화합의 거울이 탄생된 것이다. 화합은 단순한 덧셈이 아니다. 화합이 만들어낸 모습은 부다페스트를 동유럽의 보석으로 빛나게 했다. 부다와 페스트는 세체니 다리를 통해 화합을 넘어 소통을 시작한 이후부터 '도나우강의 진주'라는 명예로운 애칭을 부여받았다. 화합하지 못하는 사람들에게 부다페스트 여행을 권한다. 세체니 다리가 큰 선생님이 되어 줄 것이다.

● 독일 남부에서 발원하여 흑해로 흘러드는 강. 영어권에서는 다뉴브강, 체코에서는 두나이강, 헝가리에서는 두나강 등으로 불리지만 발원지가 독일이기 때문에 도나우강으로 많이 알려져 있다.

4

# 어시장의 풍미와 한자동맹의 영광

베르겐

바다를 끼고 있는 도시에는 어시장이 하나쯤은 붙어있다. 어시장에서 어부들이 갓 잡아 온 각종 해산물을 즉시 주문해 먹을 수 있다는 것은 큰 행운이다. 내륙도시에 사는 사람들은 신선한 해산물을 늘 그리워한다. 아무리 신속하게 산지직송을 한다고 해도 바다 내음을 즐기며 현장에서 먹는 해산물의 맛과는 비교할 수가 없다. 명백히 활어와 냉동 생선의 차이다. 그 바삭하고 쫄깃한 식감은 항구도시에서만 느낄 수 있는 특권이다.

오슬로에서 베르겐으로 버스와 배를 타고 이동했다. 창밖으로 펼쳐지는 기암괴석과 피오르의 감동은 점심때의 식욕마저 잠시 잠재우는 듯했다. 시각이 즐거우면 다른 감각이 무뎌질 수 있다는 내 논리가 적어도 나에게 있어서는 실종된 셈이다. 아름다운 장면을 놓치지 말고 허기를 잠시 내려놓으라는 뇌의 명령이다. 이런 식으로 위안해봤지만 배는 고파왔다. 목마름과 배고픔이 타협점을 찾지 못한 채 이번에는 후각의 능력을 최대한 증폭시켜 놓았다. 어디선가 강렬하게 풍겨오는 생선을 굽고 튀기는 냄새. 노르웨이의 찬란했던 옛 수도 베르겐도 식후경이다.

단어의 뜻 자체가 어시장을 의미하는 '피스케토겟Fisketorget'은 베르겐 최고의 어시장이다. 킹크랩과 랍스터, 노르웨이가 자랑하는 북해산 연어까지 해산물의 진수들이 왁자지껄한 시장에서 손님의 선택만을 기다리고 있다. 관광객들의 다국적 언어들이 해산물의 각기 다른 냄새들과 뒤섞여 어시장을 더 특별한 장소로 만든다. 시각과 후각과 청각의 아주 정직한 콜라보다. 300년 전통의 어시장에서 먹는 연어 스테이크에 역사와 전통의 맛이 가미되어있다. '북구의 낭만주의자'라 불리는 베르겐에 온 건 정말 잘한 일이다.

베르겐은 한자동맹Hanseatic League의 영광이 서려 있는 도시다. 세계사 수업 때 한자동맹의 '한자'를 '漢字'라고 착각했던 어린 기억이 새롭다. 'Hansa'가 유럽 여러 나라 상인들의 조합이었다는 사실을 안 건 창피하지만 한참 후였다. 외우기만 했던 세계사를 베르겐에서 직접 체험하며 배웠다.

브뤼겐Bryggen지역은 베르겐이 한자동맹의 중심도시였다는 사실을 잘 알려준다. 노르웨이어로 '항구'를 뜻하는 브뤼겐은 1979년 세계문화유산으로 지정되었다. 13세기부터 해상무역을 독점했던 해운업자들의 기세가 목조건물에 그대로 반영되어 있다. 박물관으로 개조되어 생선을 절이거나 가공했던 당시의 기구들을 생생하게 전시하고 있는 건물도 있다. 베르겐 사람들의 여유와 미소는 이런 역사적 자부심에서 나온 것이라고 생각한다.

옛 수도의 영광을 목도하고 싶은 사람들에게 베르겐 여행을 권한다. 역사는 한순간에 만들어지는 것이 아니라 오랫동안 축적된 역사적 자부심으로 탄생함을 깨닫게 될 것이다. 마크 트웨인은 말했다. “과거는 그대로 반복되지는 않을지라도, 분명 그 운율은 반복된다.” 그가 이 말을 했던 시대적 맥락을 현재의 내가 완벽하게 이해할 수는 없겠지만, 그리고 베르겐이 지구상의 수많은 도시보다 월등히 우수할 수도 없겠지만, 찬란했던 역사가 후세들에 의해 칭송된다는 것은 의심할 수 없는 사실이라는 것이다. 베르겐에서 ‘역사의 운율’을 발견했다.

5

# 초라하지만 가장 거룩한 성탄절

베들레헴

종교를 초월해 전 세계인이 함께 즐기는 축제 크리스마스. 11월 말부터 사람들은 크리스마스를 즐길 준비에 바쁘다. 북반구의 화이트 크리스마스, 남반구의 한여름의 크리스마스, 그 모습과 종류도 다채롭다. 그런데 정작 베들레헴에는 크리스마스를 알리는 화려한 장식이 없다. 빨간색 옷을 입은 산타클로스도 없고 성탄전야를 즐기기 위해 거리로 나온 연인들도 볼 수가 없다. 불교국가인 태국에서조차 기업들이 크리스마스 마케팅을 준비하는데 이렇게 한산한 성탄절이 있다니 믿을 수가 없다. 한산하다고 말하는 것보다는 초라하다는 표현이 더 맞을 듯싶다.

그리스도가 태어나신 곳, 베들레헴에 와 있다는 것 그리고 이곳에서 성탄전야를 보내고 있다는 사실이 기쁘고도 감사했다. 그러나 열망하던 베들레헴에 도착한 지 몇 분도 지나지 않아 나는 실망했다. 휘황찬란한 간판은 기대하지도 않았지만, 테러를 방지한다는 목적으로 곳곳에서 총을 들고 검문하는 이스라엘 군인들과 조우했다. 군인들의 위협적인 태도와 구세주가 태어나신 곳은 전혀 어울릴 수 없었다. 낙후된 집들, 그동안 여기저기 흩어져 있는 동물의 배설물, 왜 생고생을 해서 이곳으로 왔는지, 그동안 여행을 하며 이토록 후회를 해본 적은 거의 없었다.

극동 아시아에서 온 여행객의 얼굴이 신기했는지 차 주위로 몰려드는 사람들은 하나같이 팁을 달라고 했다. 그들이 하는 이야기를 요약하면 참 해괴했다. 차를 안전하게 지켜 줄 테니 '보호비'를 달라는 것이다. 보호비를 주지 않으면 차를 훼손하겠다는 암묵적인 협박. 베들레헴이 대표적인 팔레스타인 마을임을 절감하는 순간이었다. 성탄절을 의미 있게 보내겠다는 생각은 이미 사라지고 빨리 이 도시를 떠나고 싶은 마음만 생겼다. 짜증은 이미 실망을 가뿐히 뛰어 넘어 분노의 단계로 접어들었다.

우여곡절을 끝에 예수님 탄생교회The Church of the Nativity에 도착했다. 예수님이 탄생하신 말구유를 중심으로 그 위에 교회를 세웠다고 하지만 상한 마음은 감동이 아닌 의구심을 키웠다. 여기서 정말 예수님이 탄생하셨을까, 누군가 지어낸 그럴듯한 허구일까, 믿음은 사라지고 의심만 증폭되는 최악의 크리스마스로 치달았다.

해가 저물고 세계 각국에서 온 성가대들이 광장의 한쪽에 무대를 만들고 크리스마스 캐럴과 성가를 이어 부르기 시작했다. 작지만 도시 전체로 울려 퍼지는 은은한 노랫소리. 그때는 그 소리를 제대로 들을 수 없었다. 들리지 않았다.

시간이 많이 흘렀다. 그때가 1994년의 성탄전야였으니까. 공부를 마치고 한국으로 귀국했다. 그 이후로 베들레헴에 다시 갈 수 없었다. 그때 들리지 않던 캐럴과 성가 소리가 제대로 들리기 시작했다. 돌이켜 생각해보니, 그때 난 의심하고 있었다. 그리고 분노를 조절하지 못하고 있었다. 의심은 귀를 막았고 분노는 믿음을 차단해버렸다. 의심과 분노 속에서 베들레헴의 성가는 나에게 도달하지 못했다.

어느덧 내 마음속의 분노를 조절할 나이가 되었다. 중요한 건 한쪽에서는 왜 검문해야만 했고, 또 다른 한쪽에서는 왜 팁을 달라고 했는지 이제 이해할 수 있다는 것이다. 생각해보면 검문하는 사람과 팁을 달라는 사람 모두 슬프고 지친 존재들이었다. 예수님의 사랑이 필요한 사람들이었다.

베들레헴에서 성탄전야를 보낼 수 있었던 것은 하나님의 섬세한 배려였음을 믿는다. 오늘의 나는 베들레헴에서 예수님이 태어나신 걸 의심 없이 믿는다. 가장 거룩했던 성탄절로 여행일지에 기록했다.

To travel is
to discover that
everyone is

# wrong about other countries.

**여행이란 모든 사람들이 다른 나라에 대해 잘못 생각하고 있음을 알아내는 것이다.**

올더스 헉슬리
**Aldous Huxley**

## 에필로그

**지속가능성은 여행을 넘어**
**인류가 공동으로 숙고해야 하는**
**숙제가 되었다.**

여행의 단위와 방식은 계속 변화하고 있다. 1990년대 말까지만 해도 여행은 국가가 기본 단위였다. 여행을 다녀온 사람들은 서유럽 몇 개국, 동남아 몇 개국 식으로 영국, 독일, 태국, 인도네시아 등을 다녀왔다고 말했다. 그러던 것이 2000년대가 되자 여행의 단위는 도시가 되었다. 여행자들은 도시를 여행하고 왔다고 말하기 시작했다. 예컨대 케임브리지, 샌프란시스코, 치앙마이, 나가사키를 다녀왔다고 하면서 각자의 여행기를 정리하고 이야기했다.

2010년대부터는 여행의 단위는 더 작아져서 도시 안의 '장소'가 되었다. 헤이그의 마우리츠하이스 미술관, 바르셀로나의 성가족 성당, 프랑크푸르트의 도서전, 밀라노의 패션쇼로 세분화되었다. 며칠 동안 밀라노의 모든 곳을 섭렵하는 것이 아닌, 그저 좋아하는 작가의 전시회를 아침부터 저녁까지 하루 종일, 나아가 며칠 동안 감상하는 방식이다. 어떻게 보면 지금 쓰고 있는 도시 이야기도 앞으로는 특정한 장소 이야기로 바뀌어야 할 때가 된 듯하다. 방콕이 아닌 방콕의 마분콩 쇼핑몰MBK Center에 대한 글을 조만간 써야할지도 모를 일이다.

2020년대에 들어서면서는 ESGEnvironment, Social, Governance라는 말이 여행의 화두로 등장하기 시작했다. 환경을 보호하는 것은 기본이고 지역사회에 적극적으로 기여하는 차원으로까지 확대되었다. 지속가능성은 여행을 넘어 인류가 공동으로 숙고해야 하는 숙제가 되었다. 여행가로서 앞으로 어떻게 여행의 모습이 획기적으로 진화해나갈지 궁금해진다.

스마트폰으로 현지인들에게 길을 묻지 않고도 어디로든 찾아갈 수 있는 시대가 되었다. 가격 정보를 미리 확인할 수 있고, 숙소를 찾느라 프런트 데스크에 전화를 걸 필요도 없다. 모든 것이 실시간으로 손바닥 위에서 이루어진다. 한국에서도 좋은 가격에 '직구'를 할 수가 있어서, 특별히 선호하는 물건을 제외하고는 여행 중에 물건을 많이 사 오지도 않는다. 여행의 패러다임과 트렌드는 완전히 바뀌어버렸다. 그리고 누구나 생생한 여행담을 글과 사진으로 묘사할 수 있는 시대이기도 하다. 그럼에도 불구하고 다녀온 장소와 인문학을 연결하는 작업은 여전히 어려운 문제가 아닐 수 없다.

이번 책의 마지막 도시 베들레헴 글을 마무리하면서 앞으로의 여행을 생각했다. 오지를 여행하고 싶은 열정도 많이 사라졌고, 체력적으로도 예전만 못하다. 모든 면에서 여행이 편해졌지만 새로운 곳을 가는 것보다는 좋았던 곳을 다시 가고 싶은 마음이 강해졌다. 앞으로 몇 개의 새로운 도시를 더 여행할 수 있을지 현재로서는 예상할 수 없지만, 지금까지처럼 여행한 도시의 수가 급격하게 늘어날 일은 없어 보인다.

마지막 원고를 쓰고 나니 매우 아쉽다. 더 좋은 글을 쓰지 못했음이 아쉽고, 여행했던 도시에 대해 쓴다고는 했지만 모르는 것도 많고 간과했던 것도 많아서 아쉽다. 그러나 아쉬움을 통해 배운다. 더 진솔하게 여행하고 겸손하게 질문해야겠다는 마음이 생긴 것이다. 이것만으로도 참으로 감사하다.

여행 중에 나를 위기에서 구하신 하나님을 믿으며 나의 아버지 고 정장근 목사님을 존경하고 나의 어머니 김종순 사모師母님을 사랑한다. 고민을 거듭한 끝에 출간된 이 책을 드린다.

60
6
43
18
42
57
25
12
40
5
39
53
59
66
63
30
21
24
19
16
11
52
47
61
46
8
50
44
29
38
64
33
56
41
69
35
48
17
51
65
13
37
7
62
49
68
1
4
67
15
58
10
31
2
54
23
32

20
34
28
3
36
9
26
14
27
22
55
45

인문학이 살아있는 도시여행 큐레이션

# 도시의 맛

**초판 발행** 2024년 1월 15일

**지은이** 정희섭
**펴낸이** 김희연
**펴낸곳** ㈜에이엠스토리(amStory)
**편집** 정지혜, 박예지
**홍보·마케팅** ㈜에이엠피알(amPR)
**디자인** studio 213ho
**인쇄** ㈜상지사P&B
**출판 신고** 2010년 1월 29일 제2011-000018호
**주소** (04352) 서울특별시 용산구 한강대로 296(참빛빌딩) 602호
**전화** (02) 779-6319
**팩스** (02) 779-6317
**전자우편** amstory11@naver.com
**ISBN** 979-11-85469-25-6 (03900)